BIBLIOTHÈQUE ROMANTIQUE

PUBLIÉE SOUS LA DIRECTION DE M. GIRARD

PREMIÈRE SÉRIE (entièrement parue).

La Série complète : ÉDITION DE LUXE : **300** fr.
EDITION ORIGINALE : **60** fr.

1. — ÉMILE DESCHAMPS. — Un Manifeste du Romantisme. — *LA PRÉFACE DES ÉTUDES FRANÇAISES ET ÉTRANGÈRES*, publié par HENRI GIRARD. Ed. luxe : **40** fr. — Ed. originale : **8** fr.

2. — ALPHONSE RABBE. — *ALBUM D'UN PESSIMISTE*, publié par JULES MARSAN. Ed. luxe : **50** fr. — Ed. originale : **10** fr.

3. — ALFRED LE POITTEVIN. — *UNE PROMENADE DE BÉLIAL ET ŒUVRES INÉDITES*, publié par RENÉ DESCHARMES. Ed. de luxe : **60** fr. — Ed. originale : **12** fr.

4. — JULES LEFEBVRE-DEUMIER. — *LES VESPRES DE L'ABBAYE DU VAL*, publié par GEORGES BRUNET. Ed luxe : **50** fr. — Ed. originale : **10** fr.

5. — XIMÉNÈS DOUDAN. — *LES RÉVOLUTIONS DU GOUT*, publié par HENRI MONCEL. Ed. luxe : **50** fr. — Ed. originale : **10** fr.

6. — THÉODORE JOUFFROY. — *LE CAHIER VERT* suivi de *COMMENT LES DOGMES FINISSENT* et de *Lettres inédites*, publié par PIERRE POUX. Ed. luxe : **50** fr. — Ed. originale : **10** fr.

7. — *LA COURONNE POÉTIQUE DE LORD BYRON*, par GEORGE ROTH. Ed. luxe : **40** fr. — Ed. originale : **8** fr.

DEUXIÈME SÉRIE (en cours de publication 1924-1925)

La Série complète : ÉDITION DE LUXE : **300** fr.
EDITION ORIGINALE : **60** fr.

1. — SENANCOUR. — *ALDOMEN* ou *LE BONHEUR DANS LA SOLITUDE*, publié par ANDRÉ MONGLOND.

2. — *LETTRES DU MARQUIS DE CUSTINE AU MARQUIS DE LA GRANGE*, publiées par le comte ALBERT DE LUPPÉ.

3. — ULRIC GUTTINGUER. — *ARTHUR, Religion et Solitude*, publié par HENRI BRÉMOND.

4. — PHILOTHÉE O'NEDDY. — *FEU ET FLAMME*, suivi d'une correspondance inédite de l'auteur avec ERNEST HAVET, publié par MARCEL HERVIER.

5. — ANTOINE FONTANEY. — *JOURNAL INTIME*, publié par RENÉ JASINSKI.

6. — SAINT-SIMON. — *MÉMOIRE SUR LA RÉORGANISATION DE LA SOCIÉTÉ EUROPÉENNE*, publié par ALFRED PÉREIRE.

ÉTUDES ROMANTIQUES

PUBLIÉES SOUS LA DIRECTION DE

Henri GIRARD

———— 1 ————

FERNAND BALDENSPERGER

SENSIBILITÉ MUSICALE

ET ROMANTISME

LES PRESSES FRANÇAISES
10 bis, RUE DE CHATEAUDUN, PARIS (9e)
1925

SENSIBILITÉ MUSICALE ET ROMANTISME

La musique goûtée davantage pour elle-même ; le plaisir esthétique propre à l'art des sons apprécié par des auditeurs mieux préparés à s'y laisser aller sans la contrainte d'une exigence intellectuelle et d'un quant-à-soi social qui d'avance le limitent ; de secrètes concordances établies entre l'être instinctif, avec ce qu'il garde d'inexprimé au fond de lui, et ce monde des vibrations sonores et des rythmes que l'homme a su capter et enrichir singulièrement : tel est, bien ou mal, un des phénomènes qui restent liés à l'histoire du Romantisme français. Comme, par surcroît, la littérature ne pouvait manquer de subir l'effet d'un tel approfondissement de la sensibilité musicale, ce sont à la fois trois Muses qui s'y trouvèrent intéressées : les plus touchantes et les plus mystérieuses sans doute, si, dans le chœur des Piérides, Erato sous ses myrtes, Euterpe avec sa flûte, Polymnie avec sa lyre restent les préférées du Dieu...

I

Au gré de tous les témoins d'un âge charmant
et mobile, le goût de la musique fait fureur
vers la fin de l'Ancien Régime. Les années 1784
et 1785, en particulier, marquent l'apogée d'une
mode très répandue dans la belle société. L'Académie de musique, les « Concerts spirituels »,
les « Concerts des amateurs », les théâtres lyriques, ont leur clientèle enthousiaste. Grétry,
Gossec assurent la renommée de l'école française ; Cimarosa, Haydn, Paësiello, Mozart trouvent place à côté d'eux ; Piccini professe à l'Ecole
royale de chant et de déclamation. Des théoriciens tels que Framéry, Lefébure perfectionnent
divers points de méthode. Des chapelles comme
celles du prince de Conti, du comte d'Artois, du
duc de Noailles tiennent à honneur de continuer
les belles traditions de La Pouplinière. Dalayrac,
Philidor, et tant d'autres, approvisionnent la
France de charmants fredons. Recueils de chants
populaires étrangers, exhumations provinciales
révèlent un art ingénu que l'on pouvait croire

perdu. Les musiques militaires elles-mêmes se compliquent et se perfectionnent, et il n'est pas jusqu'à la danse qui, jusqu'au fond des provinces, ne se mette à devenir plus exigeante sur l'article de ses cadences et de ses airs.

Mais dans quelle mesure les auditeurs qui ne sont pas des musiciens de profession ou de goût, à cette époque, intéressent-ils vraiment leur sensibilité à ce déchaînement singulier, à ces inflexions plus directes de la mélodie depuis Gluck, à ces accords plus compliqués depuis Rameau, à ces rythmes qui tendent à rompre les mesures traditionnelles ? Le mélomane qui, chez M. de Soubise, s'enchante d'un concerto de Viotti joué par l'auteur, alors « accompagnateur de la reine », est-il séduit par une technique difficile ou conquis par une qualité musicale excellente ? L'ingénue qui s'oublie, dans sa loge de l'Opéra, à écouter la cavatine chantée par le ténor Babbini, et qui est, si vous voulez, Cécile Volanges des *Liaisons dangereuses*, songe-t-elle à son chevalier Danceny ou à la pureté d'une voix enchanteresse ? L'homme de lettres qui déclare, à la sortie d'un concert de Stamitz, qu'il donnerait l'œuvre entière de Pergolèse pour le *Stabat* de Haydn, est-il un snob avant la lettre, un adversaire maniaque des Italiens, ou un appréciateur informé des réels mérites de la composition ? Comment au juste le savoir ? En raison même de son caractère, et de la part d'inconscient qui s'y mêle, la dilection musicale ne se laisse pas aisément réduire en formules. Encore avons-nous, sur la nature approximative de ces émotions, des témoignages littéraires qui ont leur valeur.

Que l'organisation de la société française avec ses bienséances et ses réfrènements, telle que l'avait si parfaitement réalisée le milieu de notre xvii° siècle, ait comporté, chez les individus, un ralentissement de la liberté intérieure ou de l'exubérance propres à une musicalité épanouie, voilà qui ne saurait être mis en doute. Il y paraît, à voir peu à peu, passé les dates de 1660 ou de 1670, les hommes mûrs et bientôt les jeunes gens de la belle société se déshabituer de chanter eux-mêmes, alors que le début du siècle s'était manifesté sans contrainte. Il faut bien le dire : dans la zone la plus distinguée de la Cour et des villes, on aimera de plus en plus la musique *par procuration*, on en fera faire plutôt qu'on n'en fera ; ou bien, devenus des « arts d'agrément » qui feront briller une jeune fille dans la recherche d'un mari, une jeune femme dans l'embellissement d'un salon, le chant ou le clavecin risqueront d'être une vanité parée de technique plutôt qu'une heureuse façon d'exprimer la personnalité. Alceste fait scandale en fredonnant son couplet populaire. C'est déjà une pièce de musée qu'un Bassompierre, Lorrain attaché à des libertés où Paris flaire du germanisme, et qui se permet d'entonner l'air qui convient à son humeur. Or, ces exigences du monde vont croissant. Dans la littérature la plus disposée à se modeler sur la réalité voisine, le roman de la fin du XVIIe siècle, il n'y a plus que les « belles âmes », ou de franches jeunes filles comme l'*Illustre Parisienne* de Préchac, qui tiennent vraiment à traduire par la musique des états de sensibilité sur lesquels, à l'ordinaire, veille le strict conformisme social. En général, les romanciers se servent assez peu de la musique pour libérer ou accentuer la vie du cœur : cette singulière pensée de l'*Astrée* sur l'ouïe « qui n'est pas un sens qui touche si vivement l'âme » (que ne le fait la vue) semble les diriger à leur insu.

Ainsi, dans une région qui a son importance, la France classique, avec ses nettetés de pensée et de vie en commun, s'éloignait de ces temps où le vert laurier de la Renaissance avait trouvé une atmosphère si propice : le moment où Ronsard adressait à Charles IX la préface où il affirmait que « les anciens éprouvaient par la musique les esprits de ceux qui sont généreux, magnanimes, et non forvoyants de leur première essence ; et de ceux qui sont engourdis, paresseux, et abâtardis en ce corps mortel, ne se souvenant de la céleste harmonie du ciel, non plus qu'aux compagnons d'Ulysse d'avoir été hommes, edrès que Circé les eut transformés en porceaux

Car celuy... lequel oyant un doux accord d'instruments ou la douceur de la voix naturelle ne s'en réjouit point, ne s'en émeut point, et de tête en pieds n'en tressault point, comme doucement ravi, et si ne sais comment dérobé hors de soi ; c'est signe qu'il a l'âme tortue, vicieuse et dépravée, et duquel il se faut donner garde, comme de celui qui n'est point heureusement né. Comment se pourrait-on accorder avec un homme qui de son naturel hait les accords ? »

Il faudra aller au-delà du xviii° siècle pour retrouver, chez des poètes français, un enthousiasme analogue. On croirait plutôt avec Rivarol, vers la fin d'une période où la musique, dans les milieux distingués, est surtout la musique des professionnels, celle des virtuoses qui en vivent ou celle des *dilettanti* qui s'en parent, que « le chant ne faisait que des hommes frivoles et des histrions ». Tant il est vrai que l'art ne rompt jamais impunément les liens qui devraient faire de lui, non pas l'accessoire exceptionnel et prétentieux de la vie courante, mais son embellissement essentiel et quotidien.

La musique souffre encore, à la fin de l'Ancien Régime, d'une autre insuffisance et d'un appauvrissement plus rigoureux. « Sonate, que me veux-tu ? » Cette apostrophe célèbre de Fontenelle s'en prend, assurément, à tout ce qu'un genre trop prévu et scolastique comporte de vain bavardage ; elle fait prévoir à sa manière les fins de non-recevoir dont le concerto devait être frappé vers 1900. Elle signifie aussi, reconnaissons-le, une incapacité déclarée, chez un Français intelligent, de s'intéresser à une forme d'art musical ne procédant que de sa norme propre, et développant sa virtualité sans faire appel à des agréments voisins. C'est de la « musique pure » : et, dans tous les domaines, on glisse vers la musique « à programme ». Au théâtre lyrique, la cause est réglée, et les grands exemples de Rameau y sont bien contestés. Gluck, on le sait, n'a triomphé que pour un clan restreint d'amateurs et de vrais mélomanes, et encore les hommes de lettres lui ont-ils le plus souvent faussé compagnie avec Marmontel :

> Il arriva, ce jongleur de Bohême ;
> Il arriva, précédé de son nom.
> Sur les débris d'un superbe poème
> Il fit beugler Achille, Agamemnon ;
> Il fit hurler la reine Clytemnestre ;
> Il fit ronfler l'infatigable orchestre...

En général, parmi les dilettantes, on reste d'accord avec Beaumarchais, qui rappelle, dans sa préface de *Tarare*, l'objection un peu niaise de Boileau : « La musique ne sait pas narrer. » Le souple parrain de *Figaro* ne voit, lui, dans « le charme de la musique, qu'une expression nouvelle ajoutée au charme des vers », et s'indigne que la prétention de certains compositeurs, la perversion de certains auditeurs tendent à mettre sens dessus dessous la hiérarchie des arts associés dans l'opéra, le livret avec son action, la musique qui doit souligner celle-ci, l'agrément de la danse. Et il s'arme d'un argument que le maître viennois avait opposé aux surcharges vocales, mais qu'on allègue ici contre les tentatives d'affranchissement du musicien à l'égard du livret d'opéra :

Il y a trop de musique dans la musique de théâtre ; elle en est toujours surchargée : et, pour employer l'expression naïve d'un homme justement célèbre, du célèbre chevalier Gluck, notre opéra pue de musique : *puzza di musica*. Je pense donc que la musique d'un opéra n'est, comme sa poésie, qu'un nouvel art d'embellir la parole, dont il ne faut point abuser.

On ne saurait plus nettement condamner le collaborateur du librettiste à la portion congrue, à l'accompagnement en guitare, aux soulignements artificiels, à tout le mauvais italianisme musical : les prestiges propres à la mélodie et à la symphonie sont invités à s'adapter à la signification des paroles, et à prendre ainsi, à leur façon, une tournure intellectuelle. Redoutable asservissement ! Esclavage auquel de prochaines révoltes mettront une fin violente !

En est-il autrement, en général, quand il s'agit de musique *sans action*, de musique vocale, de musique populaire — des genres où le support dramatique est mince ?

C'est à peine, pourrait-on dire, une moindre dépréciation de la musique et de son règne spécial, que l'insistance avec laquelle on lui demande presque toujours, à cette date, d'abandonner son domaine intrinsèque de rythme et de tonalité, d'inflexion et de développement, pour suggérer ou signifier des choses très définies que l'imagination ou la mémoire tiennent à se représenter. On sait que Richard Wagner voyait l'indice d'une médiocre disposition musicale dans cette propension bien connue à substituer au plus vite, à l'émotion spéciale que doivent provoquer les rythmes et les sons, des épisodes ou des scènes affectant un ordre différent de sensations. Or, c'est là, semble-t-il, un « glissement » familier à quiconque, vers 1780, se déclare intéressé par la musique : comme si la terrible théorie des *Beaux-arts réduits à un même principe* — celui de l' « imitation » — exerçait en réalité ses derniers effets sur les suprêmes générations du XVIIIᵉ siècle, et se fortifiait d'arguments de plus en plus spécieux [1] qu'une transformation totale de l'esthétique, un bouleversement radical des points de vue pourraient seuls bousculer.

Fontanes, à Londres, en 1785 [2], entend chan-

---

1. Cf., rien que pour l'année 1785, deux ouvrages qui, de points de vue différents, s'ingénient à raffiner sur les indices d' « imitation » dans la musique et dans le langage : Chabanon. *De la Musique considérée en elle-même et dans ses rapports avec la parole, les langues, la poésie et le théâtre ;* Piis, *l'Harmonie imitative de la langue française.*

2. *Les Correspondants de Joubert.* Paris, 1883, p. 27.

ter des airs nationaux écossais ; or, c'est bien la mélodie de ces chants qui l'intéresse, mais il lui faut immédiatement une vignette, un « sujet » pour en animer l'inflexion :

C'est un son lent et doux qui semble venir du rivage éloigné de la mer et se prolonger parmi des tombeaux, qui s'anime un moment pour peindre des danses ni trop graves ni trop vives, et qui revient expirer peu à peu au point d'où il est parti...

Même la future Mme de Staël, assez préparée, à d'autres égards, à rompre en visière aux conventions, est encore trop férue de mondanité et d'intellectualisme pour échapper à la contagion. Germaine Necker a une assez belle voix ; elle a une certaine culture musicale ; mais elle est encore trop cérébrale. Et sa mère, nous le savons, a bien trop de rigueur, une trop sèche entente de la vie de l'âme, pour encourager d'autres dispositions. « Je vois avec douleur, écrivait celle-ci le 6 janvier 1777 à Mrs Montagu à propos de l'enthousiasme des Piccinistes, cette passion pour la musique ; ce langage appartient au stupide comme à l'homme d'esprit ; chacun l'interprète suivant les pensées qu'il a dans son cerveau, il semble que c'est une mesure commune qui s'élargit ou se rétrécit selon la personne qui en fait usage... » Aussi, quand, en 1785, on entend sa fille chanter des ballades écossaises à un Anglais de passage, c'est encore, sans doute, « de la littérature » qui se manifeste là.

Enfin, quand la 5ᵉ de ses *Lettres sur les ouvrages et le caractère de Jean-Jacques Rousseau*, en 1788, aborde de front le problème musical, on sent Mᵐᵉ de Staël assez disposée à proclamer les droits de l'art le plus intérieur qui soit, mais en même temps attachée jusqu'à la niaiserie aux formes *explicites*, pourrait-on dire, de l'expression musicale. Elle défend le « mélodrame » à la *Pygmalion*; elle s'extasie sur les romances de Jean-Jacques et leurs « airs simples et sensibles, de ces airs qui s'allient si bien avec la situation de l'âme, et que l'on peut chanter encore quand on est malheureux ». Même quand elle est sur le point d'affranchir le prestige des sons, elle confère encore à ceux-ci une sorte de *libretto* secret, le souvenir, l'évocation, le sens subjectif que l'âme sensible devra donner à son émotion :

Que la musique retrace puissamment les souvenirs ! comme elle en devient inséparable ! Quel homme agité par les passions de la vie, entendit sans émotion l'air qui dans sa paisible enfance animait ses danses et ses jeux ? Quelle femme, lorsque le temps a flétri sa beauté, peut écouter, sans verser des larmes, la romance que son amant chantait jadis pour elle ? L'air de cette romance, plus encore que ses paroles, renouvelle dans son cœur les mouvements de sa jeunesse...

« L'air de cette romance, plus encore que ses paroles... » On pourrait croire que l'émancipation est proche : il n'en est rien, cette mélodie prenant au contraire, dans l'esprit de l'écouteuse, une valeur intellectualisée par la mémoire. C'est

comme un « énoncé » que le subsconscient vient
offrir à toute force à la sensation musicale, au
lieu de la laisser maîtresse de ses effets et souve-
raine dispensatrice de ses enchantements.

Le plus génial des poètes du temps, celui qui,
par de nouvelles brisures et des rejets ingénieux,
sait varier admirablement l'alexandrin courant,
mais sans jamais accéder, semble-t-il, à l'inspiration de la chanson ou du *lied,* André Chénier
demande aux sons des « extases » qui procèdent
moins d'un frémissement intérieur que d'une
suggestion venue du dehors :

Souvent, lorsqu'aux transports mon âme s'abandonne,
L'harmonieux démon descend et m'environne,
Chante ; et ses ailes d'or, agitant mes cheveux,
Rafraîchissent mon front qui bouillonne de feux...

C'est surtout Marie Cosway qui apaise ainsi
cette forte sensibilité, et l'on voudrait savoir quel
était le répertoire favori de la jeune chanteuse, et
quels échos mythologiques murmuraient dans ses
chants :

Une lyre aux sept voix lui faisait écouter
Les sons que Pausilippe est fier de répéter...

En Suisse, la simple chanson d'une « fille de
l'Helvétie » suggère surtout, au futur poète des
Iambes, la légende à laquelle se rattache invinci-
blement toute évocation du rustique Appenzel et du
frais Hasli, honneur des pâturages, immuable
asile dans la mobilité du monde moderne :

Et cependant sa voix simple et douce et légère
Me chanterait les airs que lui chantait sa mère...

N'y a-t-il pas, dans ces émotions aussitôt « dévoyées », pourrait-on dire, déviées vers une signification qui les justifie pour l'esprit, un peu d'alexandrinisme malgré tout ? Ce parfait humaniste n'imaginera-t-il pas immanquablement les chants alternés des bergers siciliens au son de tout air de flûte, le sourd écho des antres sonores à propos de tout effet de voix se répondant, de simples danses de nymphes à propos de toute cadence légère ? Et ne se prend-on pas à regretter que son séjour de Londres — le moment le plus riche peut-être de possibilités vraiment novatrices pour ce grand poète — ne lui ait pas permis d'ajouter à sa lyre des cordes émues d'une vibration moins prévue et moins littéraire ?

A cet égard, en dépit d'un rythme sensoriel infiniment vigoureux, Chénier ne semble pas différer, dans son interprétation de la musique, de contemporains oubliés aujourd'hui, et de son frère lui-même, bon exécutant, appréciant comme lui

      ... cette riche nature
Qu'imite des beaux-arts la magique imposture.
« Lulli, dit-il, peint bien le doux bruit de ces eaux... »
Admirable Rameau ! l'on entend dans tes sons
Le cours de ces torrents, grondant dans les vallons...

Qui disait cela ? Un écolier prodige qui sera le parangon de cet âge, la parfaite expression de toute une lucide mentalité. C'est en effet par Delille qu'il convient de terminer cette revue rapide, puisque le grand conflit va être bientôt entre la forme *descriptive* qu'il illustre en poésie, et un autre procédé, moins extérieur, moins disert, plus efficace et vibrant. L'auteur des *Jardins* et de l'*Homme des Champs* n'a pas grand'chose à dire de la musique ; le dénombrement des objets l'amène tout juste à noter, dans ses ingénieux et inefficaces inventaires, tel détail de nature ou d'art qu'une bonne méthode l'oblige à mentionner. Dans l'*Imagination*, quand la cécité commençante menace de fermer à sa vue ce monde encyclopédique qu'il s'est épuisé à nomenclaturer quand sa « nièce » de la main gauche, Mlle Vaudechamp, se souvient gentiment, à son intention, qu'elle a été chanteuse, Delille enfin fera meilleure place à la musique ; mais en quels termes glacés, ou plutôt excités à froid, révélateurs d'une verve qui prend toujours par le dehors la mesure des choses, propos ingénieux d'une muse trop avisée des ressources verbales !

Ah ! quand mon œil à peine entrevoit la nature,
Malheureux ! de quel droit vanté-je la Peinture ?
O divine Harmonie ! au moins tes doux accents
Pour mon oreille encore ont des charmes puissants.
Et qui ne connaît pas ton pouvoir ineffable ?
L'histoire, en te lisant, le dispute à la fable.
Combien ma déité fut prodigue pour toi !
Elle ordonne : et tu peins l'allégresse et l'effroi,
Animes les festins, échauffes les batailles,
Mêles des pleurs touchants au deuil des funérailles ;
Et du pied des autels, en sons mélodieux,

Vas porter la prière aux oreilles des dieux.
Ainsi Mars s'enflammait aux accords de Tyrtée...
... Dans ses noirs ateliers, sous son toit solitaire,
Tu charmes le travail, tu distrais la misère.

Il pourrait se glisser ici — on est en 1806 — une allusion à la force rythmique ou à la puissance évocatrice incluses dans la chanson populaire ; mais non, une conclusion à la Berquin s'offre d'elle-même à Delille :

Que fait le laboureur conduisant ses taureaux ?
Que fait le vigneron sur ses brûlants côteaux,
Le mineur, enfoncé sous ses voûtes profondes,
Le berger dans les champs, le nocher sur les ondes,
Le forgeron domptant les métaux enflammés ?
Ils chantent : l'heure vole, et leurs maux sont charmés.

D'ailleurs, au plus vite, Delille met cette mélodie en cage après l'avoir surprise sur les lèvres populaires :

Mais si je veux trouver tes plus brillants prodiges,
Je cours à ce théâtre où règnent les prestiges...

Melpomène, Thalie, Terpsichore vont au plus vite faire un sort à la muse de l'harmonie ; une des cadettes apprivoisées de celle-ci reparaîtra, il est vrai, dans les *Trois Règnes*, mais ce sera celle qui préside aux discours cadencés, et non à la musique :

Je t'en prends à témoin, ô toi qui de tes sœurs
Par tes accords divins surpasses les douceurs,
O charme de l'oreille ! aimable Polymnie !

Et le dénombrement des magies symphoniques
ou chorales n'aboutit qu'à ceci :

L'orgue divin exhale un son religieux,
Et de sa voix sonore, à nos voix réunie,
Verse dans le lieu saint des torrents d'harmonie.

On le voit, et la démonstration n'a pas besoin,
ce semble, d'être poussée plus loin : ni par l'impression directe et l'utilisation sincère des émotions musicales, ni par un sens avisé de ce qu'est
à vrai dire l'art des sons, la sensibilité courante,
à la fin du pseudo-classicisme, ne se trouvait en
mesure de prendre sa part du vif renouvellement qui allait multiplier les chefs-d'œuvre et
annexer vraiment tout un royaume au domaine
du beau. Et il ne s'agit pas, encore une fois, d'exi-
ger ou d'attendre, de l'auditeur qui n'est pas
un spécialiste, une compétence technique quelconque : il faut se demander si l'autonomie d'une
sensation artistique est atteinte. Un Séb. Mercier,
avec toute sa gaucherie de réalisation, a « de la
passion pour la musique » et semble se classer
ainsi, là encore, parmi les novateurs, mais c'est
pour chercher, lui aussi, une finalité immédiate,
l'adoucissement « des peines et des calamités de
la vie » [1] dans l'audition d'une page musicale. Un
enthousiaste déclaré se range donc, quoi qu'il en
ait, dans les mêmes rangs que les profanes et les
indifférents.

1. Citation de L. Béclard. *Sebastien Mercier*. Paris, 1903, p. 324.

II

Il ne fallait rien moins, semble-t-il, que le violent ébranlement de la Révolution française pour rompre beaucoup de ces habitudes et de ces entraves, et pour créer de nouveaux accords entre l'âme française et le prestige de la musique. Non pas tant le fait révolutionnaire lui-même, qui imposait plutôt de nouvelles exigences civiques, morales et militaires, que la rupture de la vie mondaine, l'incertitude du statut social, le désarroi trop naturel causé par de prodigieux événements dans les deux ou trois générations qui s'y trouvent touchées du plus près, La fin de la fameuse « douceur de vivre », qui avait été un suprême triomphe de l'esprit de société, marque le début d'une crise que l'on peut déplorer, mais qui ne pouvait manquer de comporter une sorte de libération pour l'être intérieur : mal de croissance, pourrait-on dire, de l'individualisme moderne, entraînant quelques-uns des phénomènes inhérents à tout malaise de ce genre, le repliement sur soi-même, la désaffection à l'égard des formules courantes, l'anxieuse recherche de ce qui pourrait satisfaire le vide de l'âme désorbitée.

Ces dispositions d'une partie de l'élite française — bien avant que le « mal du siècle » parût les étendre à toute une génération montante de jeunes hommes — étaient favorables à une adhésion nouvelle, surtout sentimentale, des âmes à la foi religieuse. Elles préparaient aussi les sensibilités à un goût musical moins superficiel : l'art des sons devenait mieux qu'un plaisir ou un jeu ; il répondait plus intimement à des besoins que le milieu social n'encadrait plus, et réveillait ainsi quelques consonances profondes entre l'être intime et des réalisations de l'art dont l'efficacité réelle et secrète était le plus souvent restée lettre morte pour des auditeurs superficiels et convenus.

C'est donc surtout par ses contrecoups, et par le désarroi de ceux qui ne l'acceptaient pas sans malaise, que le grand bouleversement atteignait chez des Français la source où s'alimente la sensibilité musicale. D'ailleurs, parmi les contemporains, on a pu se demander, assez singulièrement, si la Révolution elle-même ne signifiait pas, dans un peuple qui se révélait soudain fort éloigné de ce qu'il avait paru être, une modification profonde d'un « mode » essentiel : entendez d'un « mode » musical dominant le rythme même de la vie nationale. C'est ainsi que l'historien Jean de Müller, dans un article intitulé *Musique des Français* [1], se demandait vers 1800 dans quelle mesure les changements du goût musical avaient contribué à transformer le caractère d'un peuple qu'on avait connu assez différent. Mais, dans la pensée qu'il développe à la suite d'une observation lue dans Jean Bodin, il semble s'agir d'un passage du *lydien* ou de l'*ionien* au *dorien*, « recommandé par Platon et Aristote pour former des hommes moraux et sérieux, et tout au plus usité jusque-là, en France, dans les services religieux » [2] : au lieu que la pratique des fêtes civiques et l'exigence des armées révolutionnaires auraient multiplié l'emploi du *dorien* et modifié ainsi les dispositions profondes des citoyens français.

La réalité est infiniment plus complexe ; elle a comporté, pour la génération qui préparait le romantisme, des épreuves et des apprentissages variés que l'historien ne se lasse pas de scruter et dont l'importance relative ne se laisse pas discerner toujours à première vue.

1. *Sämmtliche Werke*. Tübingen, 1810, t. VIII, p. 430.
2. Il n'y a pas identité entre le mode dorien des Grecs anciens et celui qui, depuis le x* siècle, domine dans la musique d'église. Jean de Müller est surtout sensible à une qualité moyenne, à une tonalité dominante qui, rapprochant l'atmosphère musicale de la vie française, pendant la Révolution, des modes caractéristiques de Sparte, aurait contribué à transformer les sensibilités. Mais le Directoire est une rechute bien prompte dans le lydien et le phrygien : d'où la nécessité d'imaginer, même symboliquement, d'autres motifs pour la transformation profonde (antérieure à toute pratique prolongée d'une société nouvelle) de la sensibilité française.

La plus efficace des expériences, à cet égard, — car elle s'accompagnait toujours d'une initiation forcée à des nouveautés exotiques correspondant à des états d'âme assez nouveaux — c'est l'Emigration : le grand exode de plusieurs dizaines de mille Français appartenant aux classes cultivées de la nation, traînant leur désarroi dans des pays étrangers qu'ils ne pouvaient plus considérer avec la désinvolture d'un cosmopolite d'Ancien Régime, et qui leur révélaient souvent des variétés de musique fort différentes de leurs répertoires antérieurs ; apportant d'ailleurs, à ces singularités, des sensibilités désaccordées, bien faites pour s'émouvoir et s'attendrir, pour accepter les consonances imprévues qu'une sensibilité laissée à l'excès à elle-même est disposée à trouver entre ses propres palpitations et des frémissements musicaux.

Il était en effet rompu, dans la plupart des cas, le lien trop direct qui liait, pour un auditeur moyen, les paroles à la musique : dans des contrées dont on ne parlait guère la langue, c'était bien celle-ci, et privée du secours que lui confèrent des mots dont le sens est évident, qui devait émouvoir inquiétudes ou nostalgies. L' « homme sensible » du xviii⁰ siècle avait, presque toujours, eu besoin d'un *motif*, d'un indice épisodique, pour intéresser son cœur ou ses nerfs à l'expression musicale ; des mots servaient d'excitant et d'amorce à une émotion que les notes

seules n'auraient pas toujours suffi à déterminer. Au lieu que des paroles *étrangères*, indis-
tinctes ou incomprises, perdaient ici toute valeur
intellectuelle et ne sollicitaient plus du tout la
réaction de l'auditeur.

Ecoutons l'Obermann de Senancour. Porte-
paroles d'un écrivain qui est peu disposé, par nature et par éducation, à abdiquer les droits de l'intelligence, et qui pratique souvent la plus pénible
introspection sur les mouvements de sa sensibilité, il se demandait, en entendant chanter suc-
cessivement *J'ai perdu mon Eurydice* et *J'ai trouvé
mon Eurydice* sur la même mélodie de Gluck, si
les notes ont rien à voir avec le sens musical
(lettre XXXIV). En Suisse où l'a conduit un exil
semi-volontaire, il lui faut bien accorder, à des
mélodies dont il ne saisit pas les paroles, une
efficacité où l'esprit n'entre plus (lettre LXI) :

J'aime les chants dont je ne comprends point les paroles.
Elles nuisent toujours pour moi à la beauté de l'air, ou du
moins à son effet. Il est presque impossible que les idées
qu'elles expriment soient entièrement d'accord avec celles
que me donnent les sons...

Il lui semble même que les paroles n'ont raison de s'associer aux notes que pour ajouter un
autre élément sonore et sensible à l'effet musical :
thèse qui est, à sa façon, du wagnérisme en
germe, et que seule faisait entrevoir, au
xviii° siècle, la prédilection déclarée pour les
libretti italiens, absurdes peut-être par leur vain

lyrisme, efficaces par la musicalité d'une langue particulièrement liquide et riche en voyelles. C'est à l'allemand, si discrédité pourtant, qu'Obermann attribue à présent une valeur phonétique, qui, indépendante du sens des mots, s'ajoutera à l'effet de la musique même :

... L'accent allemand a quelque chose de plus romantique. Les syllabes sourdes et indéterminées ne me plaisent point dans la musique. Notre *e* muet est désagréable quand le chant force à le faire sentir ; et on prononce presque toujours d'une manière fausse et rebutante la syllabe inutile des rimes féminines, parce qu'en effet on ne saurait guère la prononcer autrement.

Ainsi dépouillé de toute précision intellectuelle, renforcé de l'élément musical de la voix sans être défini par le sens des paroles que celle-ci profère, le charme des sons se révèle, en quelque sorte, *à l'état pur*, et son effet procède bien, pour Senancour, des intervalles et des inflexions, des particularités rythmiques et tonales dont la musique est dépositaire :

C'est surtout la mélodie des sons qui, réunissant l'étendue sans limites précises à un mouvement sensible mais vague, donne à l'âme ce sentiment de l'infini qu'elle croit posséder en durée et en étendue... La mélodie peut résulter de toute suite bien ordonnée de certaines sensations, de toute série convenable de ces effets dont la propriété est d'exciter en nous ce que nous appelons exclusivement un sentiment (lettre LXI).

Détachée de toute signification définie, opposée à cette espèce de « musique à programme »

vers laquelle tendra toujours un dilettantisme imparfait, la mélodie devra son prestige à son indétermination même, et à une succession de formes dont rien, dans l'univers visible, ne fournit l'équivalent ou l'analogue. « Il est naturel à l'homme de se croire moins borné, moins fini, de se croire plus grand que sa vie présente, lors-qu'il arrive qu'une perception subite lui montre les contrastes et l'équilibre, le lien, l'organisation de l'univers. Ce sentiment lui paraît comme une découverte d'un monde à connaître, comme un premier aperçu de ce qui pourrait lui être dévoilé un jour. »

Et comme si Senancour avait malgré tout besoin — en homme du xviii° siècle qu'il est resté à tant d'égards — d'un support épisodique, mais comme s'il sentait qu'il fallait choisir ce support le plus loin possible du monde social, il écrit son fameux Fragment (à la suite de la lettre XXXVIII) *De l'expression romantique et du « ranz des vaches »*. Un lien assez nouveau y réunit une variété de paysages que l'usure de la Cité et l'utilisation humaine n'ont pas encore affadis, des états de sensibilité pareillement intacts et inaltérés, avec la plus fruste, la plus simple des mélodies rustiques, celle que les « armaillis » des Hautes-Alpes font entendre dans les hauts pâturages, « air vraiment alpestre » qui exprime un ensemble d'éléments parfaitement primitifs, donc analogues à l'être profond.

C'est dans les sons que la nature a placé la plus forte expression du caractère romantique ; c'est surtout au sens de l'ouïe que l'on peut rendre sensibles, en peu de traits et d'une manière énergique, les lieux et les choses extraordinaires. Les odeurs occasionnent des perceptions rapides et immenses, mais vagues ; celles de la vue semblent intéresser plus l'esprit que le cœur : on admire ce qu'on voit, mais on sent ce qu'on entend. La voix d'une femme aimée sera plus belle encore que ses traits ; les sons que rendent des lieux sublimes feront une impression plus profonde et plus durable que leurs formes...

Suit alors, dans *Obermann,* une évocation du paysage alpestre auquel l'air fameux semble prêter une voix, et où « on se pénètre de la lenteur des choses et de la grandeur des lieux ». Et, sans doute, il pourrait sembler que c'est de la littérature encore, et que Senancour rattache, à toute force, une mélodie caractéristique à un site où la couleur locale la situe en effet. Mais il semble bien qu'il y ait davantage : ce paysage, « près des nuages, dans l'étendue doucement inclinée depuis la crête des granits inébranlables jusqu'aux granits ruinés des ravins neigeux », est allégorique plutôt que précis et concret. Ne symbolise-t-il pas un état dénudé de l'âme, cette « nature primitive de l'homme » que Senancour ne s'est pas lassé de rechercher, et qui, par-delà les alluvions sociales, se trouverait analogue et accueillante aux effets primordiaux de la musique — ceux qui, sans rien signifier encore, mettraient en mouvement les ressorts initiaux de la sensibilité humaine ?

En tout cas, ce retour à la primitivité, utopie nostalgique d'une bonne partie du xviiie siècle européen, on y accédait en somme dès que la chanson populaire d'un pays étranger, dans sa singularité et son étrangeté, se révélait à une oreille ignorante de sa signification : autant les amateurs de folklore musical du xviiie siècle, chez eux et de propos délibéré, se trouvaient préparés à apprécier une chanson « touchante », « intéressante », « sensible », dont le sens ou le cadre précisaient pour eux le caractère, autant l'inconscient devait seul être mis en branle par un frémissement purement musical, ou dont le support explicite — le texte — manquait à leur complicité d'émotion. Recueillir des fredons populaires, c'était encore, pour un disciple de Jean-Jacques, pour un Ramond de Carbonnières ou un Fabre d'Eglantine, s'extasier sur la délicieuse simplicité de propos ou de goûts de l'âge d'or ; c'était s'en tenir à l'acception donnée par le *Dictionnaire de musique* du maître inexpérimenté : « CHANSON. Espèce de petit poème lyrique fort court, qui roule ordinairement sur des sujets agréables, auquel on ajoute un air pour être chanté dans des occasions familières, comme à table, avec ses amis, avec sa maîtresse, et même seul, pour éloigner quelques instants l'ennui si l'on est riche, et pour supporter plus doucement la misère et le travail si l'on est pauvre... Les modernes ont... leurs *chansons* de différentes espèces, selon le génie et le goût de chaque nation. Mais les Français l'emportent sur toute l'Europe dans l'art de les composer, sinon pour le tour et la mélodie des airs, du moins pour le sel, la grâce et la finesse des paroles... »

A présent, *le tour et la mélodie des airs*, c'est-à-dire la véritable essence de la poésie populaire, devaient se révéler au préjudice de la « finesse des paroles », dès que nul truchement ne s'offrait pour expliquer celles-ci. C'est ainsi que Nodier restera singulièrement remué par « le chantre morlaque... chantant le *pismé* ou la chanson héroïque, en s'accompagnant de la *guzla*, qui est une lyre à une seule corde composée de crins de chevaux, entortillés. C'est ordinairement après les premières heures du soir que le Morlaque se promène sur la montagne, en racontant dans son chant monotone, mais solennel, les exploits des anciens barons slaves... »

L'Italie, pratiquée chez elle cette fois, et pas simplement dans les théâtres où sa virtuosité s'était étalée jusqu'à la fadeur, l'Italie de la chanson populaire dont les paroles, incomplètement comprises, ne sauraient aider à l'effet que produiront seules l'inflexion des voix et la teneur des mélodies elles-mêmes : les témoignages abondent sur cette révélation, multipliée par l'expérience forcée de milliers de Français. Barcarolles de Venise ou saltarelles de Naples, chansons de voituriers ou sérénades d'amoureux ont renforcé de musique la *couleur* italienne ; sur la lagune, le chant des gondoliers a ému bien des visiteurs de passage, qui n'avaient plus la condescendance désinvolte d'un touriste du xviii° siècle ; Lamothe-Lançon se rappelle surtout l'effet produit par l'un d'eux, Salvandi, qui chantait, en ramant le long des canaux, des strophes du Tasse. Par les contacts de la vie courante, la péninsule était rendue ainsi à l'art populaire, qui n'est jamais méprisable, et qui témoigne de cette spontanéité expressive dont les classes sociales trop pliées à la décence se dépouillent fatalement.

Ciel d'Italie encore, que découpent des montagnes déjà helvétiques, le Tyrol a, de même, révélé dans ce temps son prestige musical : le comte de Bray — futur interlocuteur des *Soirées de Saint-Pétersbourg* — s'émeut des chansons des bergers et des bergères du Haut-Iser, « mélange de simplicité et de finesse », et note en plein Tyrol, sans doute en entendant *youler*, que toute cette gaîté bruyante a un accent très particulier, et que les airs nationaux de ce pays vont être « connus au dehors et jusqu'en France. »

En Ecosse, en Irlande, maint explorateur involontaire a entendu avec émotion un genre de musique dont il avait peut-être raillé l'analogue en Bretagne, et qui lui semblait aujourd'hui singulièrement émouvant. Même le Nord de l'Europe et l'extrême Sud, la Scandinavie et l'Espagne quasi-mauresque ont paru réhabilitées de la réprobation spirituelle que notre xviii° siècle faisait volontiers peser sur elles. Dans la plupart des cas, d'ailleurs, c'est une expérience multiple et variée qui s'impose, en raison de l'errance fatalement imposée aux Français de l'Emigration.

C'est d'Italie, comme de juste, que part Xavier de Maistre — aussi bien dans ses initiations musicales que dans la réalité de ses longs dépaysements. Détail caractéristique : le *Voyage autour de ma chambre* n'avait guère fait, à la ressource qu'un homme sensible peut tirer de la musique, la place qu'on imaginerait : Musicien ? « Je ne le suis point, sur mon honneur ; — non, je ne suis pas musicien ; j'en atteste le ciel et tous ceux qui m'ont entendu jouer du violon. » C'est qu'il semble que la virtuosité formelle, plus fréquente dans cet art qu'en tout autre, dissuade l'âme de chercher de ce côté des apaisements :

On voit tous les jours des hommes sans tête et sans cœur tirer d'un violon, d'une harpe, des sons ravissants. On peut élever la bête humaine à toucher du clavecin ; et, lorsqu'elle est élevée par un bon maître, l'âme peut voyager tout à son aise, tandis que les doigts vont machinalement tirer des sons dont elle ne se mêle nullement... Si cependant quelqu'un s'avisait de distinguer entre la musique de composition et celle d'exécution, j'avoue qu'il m'embarrasserait un peu...

L'*Expédition nocturne*, au contraire, — composée quand a commencé pour Xavier de Maistre une longue errance — fait déjà, au chapitre xvii, une place plus intéressante à une émotion que devait naturellement rechercher le héros supposé, un solitaire qui tient d'autant plus à vivre par la sensibilité intérieure qu'il se refuse les occasions superficielles d'émotion. Ce sont, à vrai dire, des « sons enchanteurs », un cadre romanesque, des « paroles touchantes », tout l'à-côté épisodique de la sensibilité musicale, qui émeuvent le « voyageur nocturne » à sa fenêtre. Mais la voix de l'inconnue qu'il écoute est de celles « qui sont toujours à l'unisson de son cœur », et la romance qu'elle chante ne sortira jamais de sa mémoire.

Enfin, après son expérience de Russie, Xavier de Maistre fait intervenir la musiqe populaire, un « terrible duo » accompagné de *balalaïka*, et la farouche et grotesque danse cosaque, dans les *Prisonniers du Caucase* où cet épisode chanté et dansé hâtera la catastrophe.

III

Il ne s'agit, dans ces renouvellements incontestables de la sensibilité musicale, que d'effets *mélodiques*. Le sens de la polyphonie, assez peu fréquent chez un Français moyen, aura plus de mal à se faire sa place dans le goût de nos amateurs : tout accord un peu compliqué, tout entrelacement symphonique déconcerte vite une oreille simpliste et paraît tout de suite relever du domaine technique, où ne pénètre point qui veut. Senancour l'avoue sans ambage :

> J'aime beaucoup l'unisson de deux ou de plusieurs voix ; il laisse à la mélodie tout son pouvoir et toute sa simplicité. Pour la savante harmonie, ses beautés me sont étrangères ; ne sachant pas la musique, je ne jouis pas de ce qui n'est qu'art ou difficultés.

Il n'est pas sûr que le perfectionnement de la « musicalité » se fût accompli dans le sens qui reste, malgré tout, le plus souhaitable, si, là encore, des révélations accidentelles ne s'étaient de bonne heure offertes à des oreilles françaises.

Les dépaysements de l'Emigration n'étaient pas moins féconds, nous le savons, dans ce domaine que dans celui de la mélodie pure. Rien qu'à entendre s'égrener, parfois selon des accords très simples, les carillons des beffrois des Flandres, beaucoup d'émigrés, beaucoup de soldats des armées révolutionnaires aussi, l'oreille charmée, ont regretté que le retour des quarts - d'heure ne s'accompagnât point partout de cette musique aérienne — que le prolongement des sons transformait en une symphonie légère. L'abbé Baston est émerveillé de celui de Bruxelles ; François de Cézac « extasié d'une pareille musique » dans toute la Belgique ; bien d'autres s'enchantent de ces petites symphonies gratuites qui se déclenchent dans le ciel flamand ; d'autres sont sensibles, de même, à l'effet des harpes éoliennes dont l'Allemagne favorisait alors la mode. Mais ce ne seraient là, sans doute, que de piètres initiations, si elles n'avaient cet avantage de faire, en quelque sorte, partie de toute une expérience pittoresque : il y a là des ensembles de sons qui s'intègrent dans un paysage, dans un décor de ville étrangère, et cela n'est pas sans nouveauté ni sans charme.

En Allemagne, le goût persistant des gens du peuple pour la musique chorale est une autre singularité à laquelle se soumettent — peut-être avec un attendrissement excessif — des Français émus de tant de bonhomie, de simplesse, de discipline vocale et de déférence instinctive à une mesure imposée à tout un groupe. Même un joyeux garçon comme Norvins est tout oreilles et toute sympathie pour ces simples et spontanées manifestations d'un instinct musical généralisé, que son séjour à l'université de Gœttingue lui fait apprécier : il s'agit en premier lieu des chœurs *a capella* que les étudiants pauvres vont chanter sous les fenêtres de leurs bienfaiteurs.

Ce fut à Gœttingue que se révéla à moi pour la première fois cet instinct musical si populairement répandu dans toute l'Allemagne, et dont les villes, les villages, les casernes et les régiments me donnèrent, depuis, tant de témoignages : comme si, émanée du signe de la lyre céleste, planait sur la Germanie une immense harpe éolienne, qui parlât, qui répondît sans cesse au génie de ses habitants...

Semblable surprise, bien révélatrice, est ménagée à Nuremberg à un curé normand, l'abbé Renaud :

C'étaient des jeunes gens qui, le matin, parcouraient les rues de la ville et qui s'arrêtaient en chantant, à certaines portes. J'en demandai la raison : on me dit que ces jeunes gens étaient de pauvres écoliers de l'Université qui, tous les matins, suivant l'usage, devaient saluer, par leurs chants, les personnes charitables qui fournissaient à leur subsistance et aux frais de leur instruction.

Puis, c'est la musique instrumentale elle-même, dont l'Allemagne avait à ce moment-là une façon de monopole distingué, qui vient s'offrir, dans l'ambiance la plus favorable souvent, à des Français qui n'auraient guère eu,

pour faire chez eux semblable éducation, que
des concerts gâtés par la virtuosité : au contraire,
dans leurs refuges d'exil ou leurs gîtes d'étapes,
ils accèdent à la fois à des programmes plus
substantiels et à des sensations plus propices.
Ecoutons l'abbé Martinant de Préneuf, accueilli
en 1797 en Franconie — pas très loin de Bayreuth, lieu prédestiné !

C'est là que j'entendis, avec un plaisir et une émotion
qui me sont encore restés présents, les sublimes productions de Mozart, qui venait de mourir. Cette musique,
d'une harmonie si belle et d'une inspiration si élevée,
d'une pureté et d'un accent à la fois triste et doux, jouis-
sait alors d'une renommée universelle et me faisait oublier,
en l'entendant, mes misères passées et celles que me réser-
vait peut-être l'avenir...

Le comte de Moriolles lui fait écho :

Le goût de la musique, répandu généralement en Allemagne, fait rencontrer presque partout, même dans des
endroits où on ne pourrait les attendre, des ressources de
ce genre qui n'appartiennent ailleurs qu'aux grandes
villes...

Suard jouit des concerts qu'offre Anspach;
Mme de Genlis suit des auditions musicales à Berlin.
A Vienne, vrai métropole de la musique symphonique aux temps où Haydn y fait la loi et où
Beethoven y commence son calvaire, Mme Vigée
Le Brun, et avec elle beaucoup d'autres Français
dont le témoignage est moins explicite, assiste à
des concerts qui font sur elle une profonde
impression. Hambourg, où des milliers d'émigrés

ont résidé pendant de longues années, rivalisait à cet égard — au moins jusqu'à la crise bancaire de 1799. — avec la capitale autrichienne. Même au bal, des Français se familiarisent avec des orchestres moins rudimentaires que la plupart de ceux qu'on avait entendus en France. Et il suffit à un nouveau venu comme Laporte d'y débarquer à la fin de 1798 pour entendre presque coup sur coup l'*Enlèvement du Sérail* et la *Flûte enchantée*.

Enfin, à Londres, où se sont réfugiés beaucoup de Français qui vivaient de leur art dans l'entourage de la Cour, des concerts spirituels se donnent assez fréquemment ; et Mlle d'Osmond, qui n'est pas encore Mme de Boigne, arrange chez elle le dimanche matin des concerts auxquels collabore Sappio, ancien maître de musique de la reine de France ; après son mariage en 1798, la vie luxueuse que le général de Boigne offre d'abord à sa jeune femme comporte une grande fréquentation des concerts. D'ailleurs, là encore, les chœurs d'église, comme en Allemagne, associaient les voix diverses en des combinaisons compliquées parfois, plus complexes en tout cas que la plupart des offices chantés chez nous.

Plus loin encore, dans l'Est de l'Europe, des révélations qui devenaient des initiations continues, et pas seulement des singularités observées chemin faisant, faisaient connaître à des Occidentaux, un peu figés dans leurs formes d'art, des sèves plus ardentes, une vie rythmique dont sont animés des groupes entiers. La Pologne, qui a fait si grand accueil à l'aristocratie française émigrée, lui a révélé la singularité de ses danses et cette « musique délicieuse » dont un La Ferronnays ne sera pas seul à s'enchanter. De Bray note, en Livonie, les danses bizarres et le « chant monotone » du pays. En Russie, Joseph de Maistre est d'accord avec beaucoup de nouveaux venus pour constater qu'ils se trouvent dans « le pays le plus chantant de l'Europe » : l'ouverture même des *Soirées* évoque la musicalité diffuse dans les contrées slaves, « chant national » que chantent les rameurs, « musique russe... envoyant au loin le son de ses bruyants cornets », « chant des bateliers » s'éteignant insensiblement. Et les mariniers de la Volga, hâleurs ou bateliers, ont donné à de nombreux Français la sensation de l'effort humain se traduisant — avec quelle mélancolie ! — en des chœurs, tandis que les danses populaires, si promptes à s'improviser et à s'organiser en pays slave, les bandes de musiciens tchèques. associés aux fêtes somptueuses des Russes, accompagnent naturellement toutes les réjouissances orientales, et que les chants entonnés par l'armée moscovite, les chœurs de la chapelle impériale ou de l'hôpital Galitzine sont des merveilles dont l'Occident ne se fait pas aisément une idée.

Ainsi que beaucoup d'autres choses, germes d'avenir ou imprudences inconsidérées, Mme de Staël synthétise assez bien ces divers aspects du problème et de son évolution. Nous l'avons vue, jeune fille ou jeune femme, apprécier surtout la musique où se précise et s'intensifie une action, un sens perceptible à l'esprit : elle sera toujours trop peu artiste au sens parfait du mot, trop soucieuse d'action et de pathétique extérieur, pour perfectionner vraiment, et à fond, son goût musical ; il y a en elle, comme le dira Rahel Levin avec tant de perspicacité, *trop peu de musique* pour que son mérite, qui est ailleurs, s'augmente d'un véritable et profond progrès de ce côté ; femme du monde, elle est vite ressaisie, devant les manifestations de cet ordre, par le souci des attitudes à garder, par l'attentive curiosité et la vive psychologie salonnière. Cependant, à mesure que la réalité multiplie les épreuves et les expériences sur cet être singulier, des révélations de plus en plus complexes enrichissent ici le domaine de la musique.

La voici en 1802, au sortir de la crise révolutionnaire qui l'a tant agitée, occupée, excitée, inquiétée, exaltée. Dans son livre *Des Passions*, oubli bien caractéristique, il ne lui était pas venu à l'idée de mettre le goût de la musique au nombre des « ressources », la philosophie, l'étude, etc., qui peuvent aider à tenir tête aux fatalités de l'instinct. Le livre *De la Littérature*, de même, négligeait absolument toute allusion à un art sans lequel bien des épisodes de l'esprit humain ne s'expliquent pas. Mais quand, devenue romancière, elle désire traduire le remuement passionné qui trouble des âmes, elle sait avoir recours à tout ce que le rythme, l'harmonie, les inflexions suggestives peuvent ajouter de décision et de force à des sentiments inexprimés.

C'est le trio de la *Didon* de Piccini qui lui sert à accélérer, non sans afféterie, une action sentimentale dans le cœur de deux de ses personnages — dont l'un évidemment représente l'auteur elle-même, dont l'autre peut être Benjamin Constant — et à « libérer » ainsi la passion que glacent encore des hésitations de tout genre.

On est chez Mme de Vernon, après un concert qui n'a guère comporté, semble-t-il, qu'un programme quelconque et de « froides » exécutions. Mais quelques initiés demeurent, après la partie mondaine de la soirée ; Delphine est du nombre :

La société se dispersa ; il ne resta pour le souper que quelques personnes. Le neveu de madame de Marset, qui a une assez jolie voix, me demanda de chanter avec Matilde et lui ce trio de Didon que votre frère aimait tant : je refusais ; Léonce dit un mot, j'acceptai. Matilde se mit au piano avec assez de complaisance... On me chargea du rôle de Didon ; Léonce s'assit presque en face de nous, s'appuyant sur le piano : je pouvais à peine articuler les premiers sons ; mais en regardant Léonce, je crus voir que son visage avait repris son expression naturelle, et toutes mes forces se ranimèrent, lorsque je vins à ces paroles sur une mélodie si touchante :

> Tu sais si mon cœur est sensible ;
> Epargne-le, s'il est possible :
> Veux-tu m'accabler de douleur ?

La beauté de cet air, l'ébranlement de mon cœur, donnèrent, je le crois, à mon accent toute l'émotion, toute la vérité de la situation même. Léonce, mon cher Léonce, laissa tomber sa tête sur le piano : j'entendais sa respiration agitée, et quelquefois il relevait, pour me regarder, son visage baigné de larmes. Jamais, jamais je ne me suis sentie tellement au-dessus de moi-même : je découvrais dans la musique, dans la poésie, des charmes, une puissance qui m'étaient inconnus ; il me semblait que l'enchantement des beaux-arts s'emparait pour la première fois de mon être, et j'éprouvais un enthousiasme, une élévation d'âme dont l'amour était la première cause, mais qui était plus pure encore que l'amour même.

« Cette fièvre douloureuse qu'on appelle la vie » trouve ainsi, dans des instants de crise, une sorte de libération qui fait de la musique son seul truchement — parce qu'il reste inarticulé ; ou bien, ramenée au calme, la turbulence des conflits humains n'a point de plus parfaite expression que l'harmonie des sons, comme dans un autre

épisode de *Delphine* (3e Partie, lettre XVIII), où
« des voix d'une parfaite justesse », la « situation »
des exécutants et « l'expression de leur visage »,
« tout était en harmonie avec la sensibilité la
plus pure ». Léonce et Delphine, dans ce roman
sans brièveté, mais où tant de fils curieux s'en-
trecroisent, mettront désormais la musique en
tiers dans tous les épisodes de leur vie sentimentale, et un mot de Shakespeare sera invoqué à
l'appui : « L'âme qui repousse la musique est
pleine de trahison et de perfidie. »

Mme de Staël a certainement compris, aux alentours de 1802, après une période qui avait surtout fait d'elle une « femme d'Etat » déclarée,
qu'à l'agitation verbale, à la frénésie de conversa-
tion, au prurit d'éloquence qui avaient été son
triomphe par excellence s'opposait bien une attitude assez différente de l'être sensible, où tous
ces moyens d'échange sociaux ne sont plus rien
à côté d'une perception introspective des facultés
réelles. Elle brouille terriblement, dans sa phraséologie précipitée, les nuances et les mots, lorsqu'elle fait dire (4e Partie, lettre V) à son héroïne
qui écoute, à distance, « une musique charmante » :

... Je n'avais de forces que pour le présent, et il s'emparait délicieusement de tout mon être. La musique m'entre-
tenait dans cet état ; je vous ai dit souvent combien elle a
d'empire sur mon âme ! On ne voyait point les musiciens,
on entendait seulement des instruments à vent ; harmonieux et doux, les sons nous arrivaient comme s'ils descen-
daient du ciel ; et quel langage en effet conviendrait mieux

aux anges que cette mélodie, qui pénètre bien plus avant que l'éloquence elle-même dans les affections de l'âme ! il semble qu'elle nous exprime les sentiments indéfinis, vagues et cependant profonds, que la parole ne saurait peindre.

Il y aura encore de la musique autour du lit de mort de Delphine : mais ni cette espèce de mélodieux calmant demandé par la mourante, ni un orgue intempestif qui se fait bizarrement entendre « pendant la nuit » ne sont plus, cette fois, autre chose que des hors-d'œuvre sentimentaux (que ne comportait point, d'ailleurs, le premier dénouement du roman). C'est toujours le danger, avec l'indiscrète façon dont Mme de Staël met en scène la vie du cœur, que ces évocations de romance, ces apitoiements de femme sensible viennent empêcher la concentration et la détermination *en profondeur*. La musique-épisode, la musique sujet de pendule ou statuette de salon, l'éternel antagoniste mondain de la musique pure, menace sans cesse la châtelaine de Coppet. Celle-ci, qui ne connut à aucun moment de sa vie les molles stagnations, s'achemine pourtant vers les hauteurs de *Corinne*, éprouve dans ses détresses et ses frémissements de vie le calmant ou le dérivatif, l'apaisement ou l'encadrement que la grande musique, ou simplement la musique spontanée, fournit aux âmes qui ne se raidissent pas contre le prestige des harmonies. Encore ne devait-elle point passer, sans des « stations » intermédiaires, de la musique, libératrice d'amour de *Delphine*, à la musique, confession totale de Corinne : et ses expériences se modèlent fort exactement sur sa destinée apparente. Peut-être que, sans les révélations de son voyage en Allemagne, si lourd de conséquences discutables à d'autres égards, entrepris dans des circonstances si douloureuses, poursuivi dans une sorte de désarroi que la mort de Necker devait transformer en déroute, Mme de Staël aurait fait, sans plus, de sa Corinne, une improvisatrice à l'italienne, le *double* de ces Teresa Bandettini, de ces Corilla Olimpica, douées d'une sorte de lyrisme de surface et aptes à déclamer sans préparation sur un thème donné au hasard. Mais elle entend, elle aussi, d'autre musique que celle qui s'associe à la vie de salon, à l'artifice du théâtre, à la vanité des *solistes* en vedette : elle comprend comment la misère de l'ancienne Allemagne, l'immobilité opaque d'une société sans ferments extérieurs de vie, la placidité médiocre d'âmes aisément engourdies trouvent dans les magies sonores une extraordinaire compensation :

Les habitants des villes et des campagnes, les soldats et les laboureurs savent presque tous la musique ; il m'est arrivé d'entrer dans de pauvres maisons noircies par la fumée de tabac, et d'entendre tout-à-coup, non seulement la maîtresse, mais le maître du logis, improviser sur le clavecin, comme les Italiens improvisent un vers. L'on a soin, presque partout, que, les jours de marché, il y ait des joueurs d'instruments à vent sur le balcon de l'hôtel de ville qui domine la place publique: les paysans des environs participent ainsi à la douce jouissance du premier des arts. Les écoliers se promènent dans les rues, le dimanche, en chantant les psaumes du chœur... J'étais à Eisenach, petite ville de Saxe, un jour d'hiver si froid, que les rues mêmes étaient encombrées de neige ; je vis une longue suite de jeunes gens en manteau noir, qui traversaient la ville en célébrant les louanges de Dieu. Il n'y avait qu'eux dans la rue, car la rigueur des frimas en écartait tout le monde ; et ces voix, presque aussi harmonieuses que celles du Midi, en se faisant entendre au milieu d'une nature si sévère, causaient d'autant plus d'attendrissement... Les troupeaux, en Autriche, sont gardés par des bergers qui jouent des airs charmants sur des instruments simples et sonores... La musique instrumentale est aussi généralement cultivée en Allemagne que la musique vocale en Italie... Les peuples naturellement musiciens reçoivent, par l'harmonie, des sensations et des idées que leur situation rétrécie et leurs occupations vulgaires ne leur permettraient pas de connaître autrement.

... Il a tout un ordre de sentiments, je dirais même tout un ordre de vertus, qui appartiennent à la connaissance, ou du moins au goût de la musique ; et c'est une grande barbarie que de priver de telles impressions une portion nombreuse de la race humaine...

Et enfin, non sans qu'un indiscret égocentrisme dépasse ici ce que l'on doit admettre, le plus vraisemblablement, de l'accord profond qui peut s'établir entre les élancements de l'âme vers les grands mystères et les aptitudes musicales :

Y a-t-il de la musique pour ceux qui ne sont pas capables d'enthousiasme ? Une certaine habitude leur rend les sons harmonieux nécessaires, il en jouissent comme de la saveur des fruits, du prestige des couleurs ; mais leur être entier a-t-il retenti comme une lyre, quand, au milieu de la nuit, le silence a tout-à-coup été troublé par des chants, ou par ces instruments qui ressemblent à la voix humaine ? Ont-ils alors senti le mystère de l'existence, dans cet attendrissement qui réunit nos deux natures, et confond dans une même jouissance les sensations et l'âme ? Les palpitations de leur cœur ont-elles suivi le rythme de la musique ?

De toute cette métaphysique musicale, il y aura mieux qu'un écho dans *Corinne*. D'abord par la place faite, au livre IX, à une variété d'art qui désormais tient sa place indépendante, sa place indiscrète, dans la *poétique* de Mme de Staël :

La musique double l'idée que nous avons des facultés de notre âme; quand on l'entend, on se sent capable des plus nobles efforts. C'est par elle qu'on marche à la mort avec enthousiasme ; elle a l'heureuse impuissance d'exprimer aucun sentiment bas, aucun artifice, aucun mensonge. Le malheur même, dans le langage de la musique, est sans amertume, sans déchirement, sans irritation. La musique soulève doucement le poids qu'on a presque toujours sur le cœur , quand on est capable d'affections sérieuses et profondes ; ce poids qui se confond quelquefois avec le sentiment même de l'existence, tant la douleur qu'il cause est habituelle: il semble qu'en écoutant des sons purs et délicieux on est prêt à saisir le secret du Créateur, à pénétrer le mystère de la vie. Aucune parole ne peut exprimer cette impression ; car les paroles se traînent après les impressions primitives, comme les traducteurs en prose sur les pas des poètes...

D'autre part, Corinne qui unit en elle la spontanéité du Midi et la sincérité du Nord, la belle Corinne ne se contente pas de déclamer : elle chante. Elle n'est pas une virtuose de l'harmonie, et il faudra Consuelo, l'aventurière Consuelo de George Sand, pour déchaîner vraiment, dans notre littérature, les vertus géniales d'une artiste absolue. Mais elle s'élève au-dessus de la simple récitation cadencée qui, sans doute, aurait suffi à Germaine Necker en d'autres temps. Elle ne voit pas, comme feront tant de virtuoses de la parole définie, une rivale dans la magicienne de l'Harmonie ; elle a, tout au fond d'elle-même, une *musicalité* secrète qui, sur ses lèvres, fera de la parole un Verbe et non une Formule, une confidence et non une monnaie d'échange.

Rien ne retrace le passé comme la musique : elle fait plus de le retracer ; il apparaît, quand elle l'évoque, semblable aux ombres de ceux qui nous sont chers, revêtu d'un voile mystérieux et mélancolique...

Elle demande, même à Rome et parmi les lignes émouvantes des ruines, que « le langage idéal de la musique s'accorde dignement avec l'expression idéale des monuments » ; à Venise, les stances du Tasse qui se répandent dans les chants des gondoliers, soutenues par une « musique très ancienne qui ressemble au chant d'église », l'émeuvent jusqu'à l'âme. Et nul doute que s'il n'avait été par trop invraisemblable de ranimer, pour une ode suprême, la défaillante, la mourante Corinne du dénouement, Mme de Staël n'eût placé sur ses lèvres un suprême adieu lyrique à la vie dont elle était à la fois la victime et la prêtresse. Ce chant du cygne, le plus puéril artifice le fait chanter, par une délégation spéciale et en pleine Académie florentine, à une jeune fille stylée à cet effet, « vêtue de blanc et couronnée de fleurs ». « Une musique noble et sensible prépara les auditeurs à l'impression qu'ils allaient recevoir » : que ne sommes-nous dans le même cas, et pourquoi faut-il que la jeune communiante déléguée par la grande improvisatrice nous attendrisse par sa gentillesse plutôt qu'elle ne nous émeut par une sincérité de commande ?

Avant que se tût l'âme véhémente de Mme de Staël, et par un bénéfice dont elle a privé son héroïne préférée, quelques contacts involontaires avec l'exotisme musical le moins familier allaient approfondir encore ses notions réelles en ces matières. Elle a pratiqué, jusqu'ici, la musique théâtrale ou celle du type *romance* ; elle a pu entendre, en Italie, l'humeur populaire s'exprimer librement par le moyen du chant; en Allemagne, la subordination et l'humilité se trouver à leur aise dans la polyphonie des voix ; elle a voulu ramasser dans une activité « superfémi-nine » de grande artiste, à la fois impétueuse et consciente, la fièvre qui l'animait, et s'est plu à traduire le mystère des personnalités par le symbole de l'improvisation lyrique. Elle va, de par le périple singulier auquel son impérial adversaire la contraint, constater ce que la musique peut être pour des peuples restés à peu près sans voix, jusque-là, dans le concert des littératures et des philosophies. La voici en route, en 1812.

A mesure que la voyageuse s'enfonce en pays slave, c'est l'accord de la danse et de la musique, la vie rythmique à la fois exprimée par les sons

CORINNE AU CAP MISÈNE

et rendue manifeste par le mouvement, qui se fait connaître à Mme de Staël : union que l'Occident pratique de moins en moins, et sous des formes théâtrales ou exhibitionnistes qui l'éloignent de la spontanéité. Aux approches de Moscou, « des paysannes vêtues pittoresquement selon la coutume du pays revenaient de leurs travaux en chantant des airs d'Ukraine... Je les priai de danser, et elles y consentirent. Je ne connais rien de plus gracieux que ces danses du pays, qui ont toute l'originalité que la nature donne aux beaux-arts ; une certaine volupté modeste s'y fait remarquer ; les bayadères de l'Inde doivent avoir quelque chose d'analogue à ce mélange d'indolence et de vivacité, charme de la danse russe. Cette indolence et cette vivacité indiquent la rêverie et la passion, deux éléments des caractères que la civilisation n'a encore ni formés ni domptés... » A Moscou, Mme de Staël entend « les chants de l'église où le catholicos, prince de Géorgie, officiait au milieu des habitants de Moscou... » A Pétersbourg, elle applaudit en plein air « l'excellente musique du comte Orloff » ; dans la campagne du grand-chambellan Narishkine, « on nous fit entendre cette musique de cors particulière à la Russie, et dont on a souvent parlé. Sur vingt musiciens, chacun fait entendre une seule et même note, toutes les fois qu'elle revient... Les cors vont en grossissant de rang en rang, et quelqu'un appelait, avec raison, cette musique *un orgue vivant*. De loin l'effet en est très beau ; la justesse et la pureté de l'harmonie font naître les plus nobles pensées... » Mais l'auditrice improvisée conçoit mal que la satisfaction de participer à un ensemble supplée ici, chez d'humbles exécutants, à l'émotion absente ; elle s'imagine qu'ils sont là « comme des tuyaux ne rendant qu'un son... » Elle ne sait pas que la Russie a de bonne heure pratiqué des chœurs où chacun ne donne que les quatre ou cinq notes où il excelle — l'harmonie de l'ensemble venant encadrer ces linéaments mélodiques partiels.

Non sans qu'un pittoresque de folk-lore nuise peut-être à la délectation musicale (mais peut-être y contribue-t-il malgré tout), l'exilée continue ses expériences d'âmes collectives exprimée par le rythme.

Des habitants de l'Ukraine, vêtus de rouge, vinrent ensuite nous chanter des airs de leur pays, singulièrement agréables, tantôt gais, tantôt mélancoliques, tantôt l'un et l'autre ensemble. Ces airs cessent quelquefois brusquement au milieu de la mélodie, comme si l'imagination de ces peuples se fatiguait à terminer ce qui lui plaisait d'abord, ou trouvait plus piquant de suspendre le charme dans le moment même où il agit avec le plus de puissance...

Le contraste est saisissant, entre ces mélodies populaires et les évocations catholiques et françaises que l'étrangère est admise à savourer dans une école tenue par des religieuses exilées.

Les jeunes personnes de l'institut de Sainte-Catherine, avant de se mettre à table, chantaient des psaumes en chœur ; ce grand nombre de voix, si pures et si douces, me causa un attendrissement mêlé d'amertume... Après le repas, les jeunes filles se rassemblèrent dans une salle superbe, où elles dansèrent toutes ensemble... Elles exécutèrent d'abord une ancienne danse sur l'air : *Vive Henri quatre, vive ce roi vaillant !* Combien il y avait loin des temps que rappelait cet air à l'époque actuelle ! Deux petites filles de dix ans, avec des mines rondes, terminèrent le ballet par le pas russe : cette danse prend quelquefois le caractère voluptueux de l'amour ; mais, exécutée par des enfants, l'innocence de cet âge s'y mêlait à l'originalité nationale...

Pour un écrivain qui, bon gré mal gré, allait devenir un porte-paroles de l'individualisme, quelle école de soumission, et presque d'abdication grégaire, qu'une musique ou une danse où il n'y a pas de « premier rôle » pour isoler l'intérêt ! Nul *ténor*, dans les impressions musicales qui s'offrent à Mme de Staël sur la fin de sa vie : et comme elle traverse d'autre part une des crises de son existence qui l'inclinent le plus à une sorte d'abandon mystique, elle est plus accessible que jamais à d'émouvants prestiges. Germaine Necker, animée et conquérante, sûre d'elle-même et de l'avenir, reconnaîtrait-elle son *moi* dans cette femme qui, avant la soixantaine, est sollicitée par les sectes mystiques et les occultismes ? Approuverait-elle l'espèce d'apaisement « opiacé », dirait-on, que les danses et les chants de l'extrême Occident, de la Russie qui est alors l'adversaire suprême de la Révolution, versent aujourd'hui à une âme tumultueuse ?

V

C'est sans doute parce qu'elle est femme, et qu'elle est plus docile à l'ébranlement émotif de la musique, que l'auteur de *Corinne*, sans avoir jamais pratiqué à fond le chant ou les instruments, a cédé aussi docilement à semblables séductions ; des héroïnes telles que Corinne seraient malaisément imaginées par un écrivain masculin. Peut-être aussi, inhabile à faire rendre au langage, prose ou vers, des effets d'harmonie et de rythme, percevait-elle avec moins d'acuité que des artistes littéraires les affinités ou les répulsions de la musique et des formes linguistiques : entre ces demi-sœurs d'autrefois, qui ne sait qu'il y aura toujours attraction et aversion, dès que se trouvent en cause la cadence même de la phrase, l'harmonie du discours et le choix des vocables, avec la dignité de la pensée à maintenir ?

On est tenté d'invoquer ces subtiles oppositions en constatant que le grand styliste de cet âge,

Chateaubriand, n'a donné que de maigres éloges à la musique. Il est encore persuadé (*Génie*, 3ᵉ partie, l. I, ch. I) que « la musique, considérée comme art, est une imitation de la nature » ; et si le chant grégorien, les « cantiques gaulois », les « noëls de nos aïeux », les mélopées et les prières tiennent malgré tout leur place dans sa reconstruction d'un christianisme de sentiment, c'est surtout en raison des nostalgies ou des évocations qu'il leur attribue.

Seulement, René estime que « la religion chrétienne cherche les forêts ». « Le musicien qui veut suivre la religion dans ses rapports est obligé d'apprendre l'imitation des harmonies de la solitude. » Et, par là, les sons envahissent sa sensibilité. Il sait assurément que « le malheur nous est utile ; sans lui les facultés aimantes de notre âme resteraient inactives : il la rend un instrument tout harmonie, dont, au moindre souffle, il sort des murmures inexprimables ». Mais, en dehors des manifestations musicales où s'insinue un appel à l'amour ou la nostalgie indéfinie, en dehors des voix « pleines de volupté et d'émotion », des « tintements de la cloche religieuse se mêlant aux derniers sons des cantiques », le « magicien » semble assez indifférent à des sensations qui, de fait, sont peu de chose à son gré auprès de l'harmonie *de fond* à laquelle il croit devoir ses vibrations profondes : la grande plainte de la mer de Bretagne qui a révélé au petit compagnon des vents et des flots la vie bruissante des choses. Rien de plus émouvant, ni qui sente davantage la sincérité absolue chez un homme dont, ailleurs, la virtuosité est inquiétante, que ces lignes d'une lettre:

Dites à la mer toutes mes tendresses pour elle ! Dites-lui que je suis né au bruit de ses flots, qu'elle a vu mes premiers jeux, nourri mes premières passions et mes premiers orages ; que je l'aimerai jusqu'à mon dernier jour et que je la prie de vous faire entendre quelques-unes de ses tempêtes d'automne !

Assez caractéristique de l'indifférence de Chateaubriand pour ce qui, dès lors, n'est plus qu'intermédiaires techniques, est le passage de la fameuse épître à Fontanes où, défendant l'innéité des idées contre l'empirisme, il allègue les rapports mathématiques dont l'intuition n'aurait pu être révélée par « l'odorat, le goût, le toucher, la vue » — sans faire place aux sensations de l'ouïe. Et l'on dirait qu'il lui faudra son ambassade à Berlin, aussi tard que 1821, les confidences de Frédéric-Guillaume III, « détestation de Rossini et amour pour Gluck », et les révélations allemandes du théâtre et du concert, « ce chant religieux », « ces deux ou trois cents voix confondues », pour faire admettre à cet ombrageux artiste qu'il est, en effet, entre les symphonies des éléments et les âmes humaines, entre les tumultes collectifs ou cosmiques impossibles à noter exactement, et notre sens artistique, des médiateurs sonores, qui ne participent pas tout à fait de la réalité de ceux-là et répondent pourtant à l'exigence sensible de celui-ci — et qui sont les chefs-d'œuvre des maîtres. Grâce à l'auteur de *René*, la sensibilité française, passant en somme à côté de cette initiative musical dont l'Allemagne s'armait vers le même moment, à côté aussi des frémissements dont la chanson populaire donnait le bénéfice à la poésie anglaise, a tout de même trouvé la zone inquiète où l'on ne pénètre à l'ordinaire que « sur les ailes du chant ».

Au contraire, chez Stendhal, l'émotivité musicale, indifférente aux voix éparses dans le monde et à tout ce que le domaine des sons peut avoir de « cosmique », se resserre et se concentre dans un assez étroit domaine, mais avec une intensité si vibrante que, là encore, des liens sont rompus et des contraintes se trouvent violemment rejetées. Incapable, à son propre témoignage, « de frapper un accord de septième diminuée sur un piano » ; toujours dépendant, dès qu'il s'avise de philosopher, du xviii* siècle empirique et en particulier des théories qui donnent à l'art le « plaisir » pour fin ; mettant, dans son culte éperdu pour la voix humaine, l' « expression des paroles » tout de suite après la beauté intrinsèque des timbres ; assez voisin, on a pu le dire, de la catégorie des « gros hommes voluptueux pour lesquels le rythme musical prolonge l'agrément d'une digestion [1] », il rencontre cependant, par la spontanéité et l'intensité même de sa vie sensuelle, un ordre de jouissances qui fait de ce passionné de musique, de ce cosmopolite du dilettantisme, un libérateur malgré tout. « Le moins intellectuel de tous les arts » reste intéressé à sa vie émotive la plus forte : non par la manifestation intrinsèque de ses valeurs absolues, mais par les jouissances que l'être physique éprouve dans une sorte de « substitution » et d'équivalence matérielle où les plus poignantes voluptés semblent se retrouver. « Les expressions de cette langue vont droit au cœur, sans traverser, pour ainsi dire, l'esprit ; elles produisent directement peine ou plaisir » (*Haydn*). Il n'est même pas nécessaire que l'imagination serve d'intermédiaire, et qu'elle soit excitée à produire certaines images, analogues aux passions dont nous sommes agités : il y aurait là, malgré tout, une précision sinon intellectuelle, du moins mentale ; il suffit que telles vibrations profondes, sans projection de souvenirs, d'anticipations précises ou d'objet défini, résonnent mystérieusement, pour que l'effet demandé à la musique par ce parfait voluptueux soit atteint. Des inflexions mélodiques, des nuances de timbre, des rythmes précipités ou ralentis y suffisent, et « le trait prolongé de clarinette, au

1. Cf. A. Arnoux. *Le goût de la musique chez Stendhal* (*S. I. M. 1908, t. IV*) et H. Delacroix. *La psychologie de Stendhal.* Paris, 1918, p. 188. Y ajouter le chapitre relatif à la musique de l'Essai *Del romanticismo nelle arti,* pp. P. Martino dans la *Revue de littérature comparée* d'octobre 1921.

commencement du quartetto de *Bianca e Faliero*...
excite purement à la rêverie de l'amour ; le mor-
ceau instrumental, au milieu du duo de l'*Armide*
de Rossini, « semble avoir une influence physique sur le cœur » ; dans le *Don Juan* de Mozart,
une « sombre violence » augmente, d'une manière
qu'un psychiâtre qualifierait sans doute de sadique,
la volupté combinée des sons et des énergies ins-
tinctives.

La *Psychologie de l'amour* ne pouvait manquer
d'épingler l'observation personnelle (chapitre XVI)
qui s'applique à ce genre d'ébranlement.

Je viens d'éprouver, ce soir, que la musique, quand elle
est parfaite, met le cœur exactement dans la même situation
où il se trouve quand il jouit de la présence de ce qu'il
aime, c'est-à-dire qu'elle donne le bonheur apparemment
le plus vif qui existe sur cette terre.

Tout cela, qui augmente en intensité, si l'on
peut dire, une partie de la cristallisation amoureuse, se trouve plutôt en rapport avec la musique
expressive, la musique *explicite*, qu'avec la
musique pure. En effet, Stendhal n'a jamais
caché le peu d'intérêt que lui offraient symphonies ou sonates, combinaisons de sons et rythmes
sans arrière - sens pathétique : tout cela, c'est
pour lui de la métaphysique ; et l'on sait de reste
le mépris qu'il a toujours professé pour des
abstractions que rien, en effet, dans son éducation, ne le préparait à goûter.

Il conçoit assurément, mais sans adhérer à ce

genre de jouissance, que pour certaines « âmes
rêveuses » il suffise de la beauté des sons, même
sans mélodie, « pour redoubler l'activité et les plaisirs de leur imagination vagabonde ». Il n'aime
pas Beethoven, « combinaisons de cette harmonie
savante et presque mathématique » où ne s'intéresse, croit-il, que la *faculté de comprendre*. Il
revient sans relâche à sa thèse, à son plaisir, à
son « dynamisme » borné mais intense.

Ce qui fait de la musique le plus entraînant des plaisirs
de l'âme... c'est qu'il s'y mêle un plaisir physique extrême-
ment vif. Les mathématiques font un plaisir toujours égal,
qui n'est pas susceptible de plus ou de moins ; à l'autre
extrémité de nos moyens de jouissance, je vois la musique.
Elle nous donne un plaisir extrême, mais de peu de durée
et de peu de fixité. La morale, l'histoire, les romans, la
poésie, qui occupent sur le clavier de nos plaisirs tout
l'intervalle entre les mathématiques et l'opera buffa,
donnent des jouissances d'autant moins vives qu'elles sont
plus durables, et qu'on peut y revenir davantage, avec la
certitude de les éprouver encore. Tout est, au contraire,
incertitude et imagination en musique ; l'opéra qui nous
fait le plus vif plaisir, vous pouvez y revenir trois jours
après et n'y plus trouver que l'ennui le plus plat ou un
agacement désagréable des nerfs. C'est qu'il y a dans la
loge voisine une femme à voix glapissante, ou il fait étouf-
fant dans la salle, ou l'un de vos voisins, en se balançant
agréablement, communique à votre chaise un mouvement
continu et presque régulier. La musique est un plaisir
tellement physique, que l'on voit que j'arrive à des conditions de plaisir presque triviales à décrire.

Stendhal ira jusqu'au bout de sa thèse ; il re-
joindra, quoi qu'il en ait, les doctrines de la métaphysique schellingienne, on peu s'en faut, lors-

qu'il dira que la musique « peint des accès de joie animale » ; mais sa préoccupation restant l'amour, c'est bien la « joie physique » amoureuse dont il trouvera sans se lasser l'image secrète et la figuration artistique dans les mélodies qui lui plairont.

Avec Mme de Staël, Chateaubriand et Stendhal, il est possible de scruter les trois sensibilités maîtresses dont l'action a encouragé le plus fortement le prochain Romantisme. Sans eux, assurément, un grand changement de dispositions littéraires se serait produit ; avec eux, cependant, les générations montantes allaient savoir vers qui se tourner, se tendre, s'exalter comme vers des animateurs absolus. Et si l'on admet que des énergies humaines nouvelles se sont trouvées en cause, dans la France de 1789 à 1830, et que la jeunesse des chefs militaires et politiques de tout le mouvement signifie une libération de dormantes vigueurs dont les arts devaient offrir la contre-partie, on admettra qu'un rude fils de bourgeois comme H. Beyle, l'ardente fille d'une race allogène comme la fille de Necker étaient assez représentatifs : l'enfant rêveur de Combourg, de son côté, le Breton contemplatif issu d'une race forte, mais singulière, s'opposerait à ses contemporains, à cet égard, plutôt qu'il ne les compléterait. Mais peut-être ne fallait-il pas moins, dans une France attachée à mille traditions qui refont bien vite un vernis d'accoutumance et de quant-à-soi social, que ces disparates s'exerçant dans des conditions fort différentes, pour déterminer l'orientation nouvelle que prendront bien des choses. La musique est du nombre, et il nous faut revenir à l'étude des conditions d'ensemble, qui se présentent à des moments décisifs de la crise préromantique française pour des personnalités de moindre envergure.

VI

Qui ne doute qu'en ces années fatidiques où l'Empire français tient en suspens les destinées de l'Europe et met en cause celle de la France, une démarcation secrète ne se soit opérée dans les sensibilités ? Il y paraît peu à la surface, et Napoléon, chez qui le sens de la musique n'était guère développé naturellement, mais dont « on peut dire que son goût pour cet art s'est accru en raison directe de sa puissance [1] », est peu disposé sans doute à encourager des tendances qui ne sont pas précisément favorables à ses desseins. Les années qui vont du Consulat à la Restauration laissent peu de marge à une forte vie artistique, en dehors des réalisations officielles.

Mais pour la façon d'accepter le prestige de l'harmonie chez les jeunes écrivains, nous sommes bien à l'une de ces crêtes où les pentes du sol peuvent entraîner les courants en forma-

1. Bourrienne. *Mémoires*, t. II, p. 75.

tion vers des directions opposées : qui ne voit vers quels districts elles conduisent ? De ces versants contraires, l'un ramènerait l'art tout entier vers la sagesse timorée et la discrétion diserte et avisée de l'académisme, avec, sans doute, les grands sursauts pathétiques et oratoires qu'une belle tradition a maintenus au premier plan de l'esprit français, avec une indéniable ingéniosité dans la façon d'utiliser des recettes, des précédents, des modèles, mais sans contact véritable avec le tumulte d'émotion qui, se déchaînant dans l'âme, doit pouvoir animer les mots, les cadences, les groupes de vocables et les phrases. L'autre versant conduit assurément à des extrêmes dangereux, où le frémissement de l'être méconnaîtra toutes les barrières propres à réfrèner l'individualisme ; où — danger plus grave ! — la facile indulgence de l'artiste « inspiré » pour lui-même fera prendre la véhémence pour la passion, la frénésie pour la grandeur ; mais des ruptures étaient nécessaires — dont la sensibilité musicale fournit une sorte de diagramme commode — pour que tout retour au métronome pseudo-classique et à tout ce qu'il comportait d'automatisme, de fixité prévue ou de fausse souplesse, fût décidément impossible, condamné irrémédiablement, rejeté comme une enveloppe sèche par une poétique en voie de faire peau neuve.

Croit-on qu'une « évolution » des doctrines esthétiques pouvait y aider à elle seule ? Voyons plutôt où en étaient les représentants des théories les plus chères au xviiie siècle, après la grande crise.

Rien ne montre mieux à quel point l'« idéologie » était arrivée à un point mort, qu'un long article où l'ineptie le dispute à l'ingéniosité, et qui développe à plaisir sous la plume de Morellet (*Archives littéraires de l'Europe* d'avril 1805, t. VI, p. 145) la thèse de la musique imitatrice. Après avoir rappelé l'« imitation des objets » dans l'origine du langage, le vieux philosophe ravaudait tant bien que mal une doctrine éculée et rattachait toute musique à un mimétisme originel qui persistait dans sa vertu essentielle :

Comme les langues, comme la poésie, elle choisira, dans les objets sensibles, les sons, les actions, les mouvements, les effets, et en général toutes les circonstances qui peuvent s'imiter par les sons et le mouvement de la voix, et des diverses espèces d'instruments ; elle peindra les bruits et les sons par les mouvements les plus analogues ; le mouvement par les mouvements ; l'élévation d'un objet par des sons élevés et sa profondeur par des sons graves ; la distance par l'opposition de ces deux sortes de sons ; la fuite par des sons soutenus, et s'affaiblissant par degrés comme les impressions que fait sur nos sens un objet qui s'éloigne et fuit ; son approchement par une marche contraire, etc., etc.

L'« imitation des passions » s'ajoutant à « l'imitation des bruits naturels » voici la musique équipée : et le critique, d'un œil satisfait, contemplait sa Muse en possession de tous ses moyens. « Concluons que la musique peut imiter et peindre les objets physiques et leurs diverses actions, les passions, et même jusqu'à certains sentiments de l'âme, qui semblent se dérober davantage à l'imitation ». Imitation stylisée, sans doute, imitation embellie et choisie, cadencée, synthétique : et, par là, le royaume sonore compense l'infériorité où ses « imitations » demeurent à l'égard des objets réels qui les suscitent. Mais la conclusion maintenait la niaise dépendance chère à l'ancienne esthétique :

> Concluons que, comme les autres beaux-arts, elle peut se contenter d'une imitation légère ; que ce ne sera pas en elle faiblesse, mais délicatesse d'expression ; que des analogies faibles seront pour elle des moyens d'imitation ; que son imitation n'en sera pas moins vraie, et que ses portraits seront ressemblants, sinon par l'exactitude de chaque trait, au moins par le nombre des similitudes qu'elle aura su rassembler, et enfin que *l'imitation* et *l'expression* lui appartiennent peut-être à un autre haut degré qu'aux autres arts qui ont sur nous un si grand empire, et qui jettent nos sens et notre imagination dans de si douces illusions...

A peu près dans le même temps, la doctrine officielle de toute cette musique « à signification » se manifeste avec une bien copieuse prétention : G. A. Villoteau, « professeur de musique, membre de plusieurs sociétés savantes, et de la Commission des sciences et arts d'Egypte », publie en 1807, à l'Imprimerie impériale, deux gros in-octavos pour maintenir la nécessité d'un substratum intellectuel dans toute sonorité digne d'intéresser des oreilles humaines :

Qui est-ce qui voudrait mettre quelque importance à un plaisir qui se bornerait à chatouiller agréablement l'oreille, sans que ni le cœur ni l'esprit y pussent prendre quelque part ? Est-il quelqu'un d'assez dépourvu de sensibilité et de jugement, pour préférer une symphonie agréable, mais dont l'expression vague et presque nulle ne peindrait rien, à ces morceaux admirables de chant de nos meilleurs opéras, et dont l'expression énergique et vraie remue si fortement le cœur et remplit l'âme d'un trouble si délicieux ?

Et, dans la 3ᵉ partie de ce prétentieux ouvrage, tout le chapitre VII, pivot de la démonstration aussi bien que de l'exposé historique, s'attache à démontrer la proposition qui lui sert de titre [1] :

« L'Art d'exprimer en musique est fondé sur la connaissance des propriétés expressives des sons de la voix humaine, et l'influence des effets naturels de cet organe s'étend sur les affections, sur les passions et sur les mœurs. »

Le Batteux, avec sa théorie fameuse des *Beaux-Arts réduits à un même principe*, aurait été enchanté de voir sa doctrine aussi ingénieusement rapetassée, au bout de soixante ans, et quand les démonstrations contraires en avaient si souvent fait justice. A la pauvreté de la doctrine correspond la médiocrité musicale chez les individus : tous ceux qui doivent, à ces théories surannées, peu ou prou de leur métaphysique artistique semblent rester figés dans une incompréhension irrémédiable — et l'on voit par là combien la Révolution seule aurait été insuffisante pour amener

---

1. *Recherches sur l'analogie de la musique avec les arts qui ont pour objet l'imitation du langage, pour servir d'introduction à l'étude des principes naturels de cet art.* **Paris, 1807, 2 vol.**

une modification foncière des concepts artistiques. On sent très bien qu'un Marie-Joseph Chénier, survivant à son frère et cependant plus initié que lui à la technicité musicale, reste attaché à une notion plus oratoire que rythmique des moyens expressifs en poésie ; on se doute que chez un Benjamin Constant, associé pourtant à la plupart des expériences de sa fameuse amie, les réactions de la sensibilité sont contrôlées par une lucidité qui ne désarme pas, et qui ne permettra guère à l'être instinctif d'être touché par des rythmes musicaux. Continuons cette enquête chez d'autres hommes faisant, en apparence, « transition ».

Voici Ducis, qui a vécu dans une incontestable familiarité avec Shakespeare, qui a vivement senti, pendant la Révolution, que la « tragédie court les rues » ; qui a ressenti, d'un cœur véhément, les deuils qui le frappaient. C'est à des « romances » qu'aboutit, en musique, toute son émotion : romance du *Saule*, en souvenir d'*Othello*, et le saule est resté pour lui l'arbuste fatidique : romances qu'il chérit sur les lèvres d'amies mélomanes, comme cette Mme Esmangard, « qui, au talent particulier de composer les paroles et l'air des romances, joint celui de les chanter avec une voix et un expression qui donnent presque à ces petits poèmes l'accent de la tragédie » ; romances pour lesquelles, en 1805, il trouve un collaborateur musical excellent :

... Je viens de faire une romance écossaise qui a vingt-six couplets. Grétry, notre confrère et mon ami, a bien voulu en composer la musique, qu'il vient de m'envoyer. Cette romance pastorale me rappelle que j'ai été berger et que j'ai joué de la musette. Mais les cheveux blancs du vieux pasteur l'ont forcé de la suspendre au saule qu'il a chanté...

Voici Ginguené qui jadis, à Rennes, mettait en romances les vers de Dorat pour plaire aux belles de sa province, ou qui, à Paris où il arrivait, se sentait aussi doué pour la musique que pour la littérature, avait reçu la confidence de la *Didon* inédite de Piccini, s'était risqué à écrire en 1783 la partition d'une piécette, les *Confidences à la mode*. En 1807, croirait-on que rien ait changé dans le domaine de la sensibilité française exprimée par l'art ?

Mes fantaisies musicales m'ont repris. J'avais commencé les années précédentes à corriger et mettre au net douze airs avec accompagnements, composés à Rennes dans ma première jeunesse. J'en étais resté au huitième. J'ai corrigé et recopié le n° 9, en *la* : *De nos forêts l'ombrage où la fraîcheur*. J'ai fait aussi pour mon recueil de romances et de petits airs, avec accompagnement de *forte piano*, un huitième air d'Estelle : *dans cette aimable solitude*. J'ai retrouvé dans mes papiers un vieil air qui plaisait beaucoup aux vieilles dames de Rennes et dont les paroles sont de Dorat : *des langueurs où l'amour me jette*. Je l'ai mis au net et placé dans mon recueil. Il commencera la seconde suite aux airs de Galathée et d'Estelle. Ce qui lui donne pour moi quelque intérêt, c'est qu'il s'y trouve des traits fort ressemblants à cet air si touchant d'Enée qui ouvre le second acte de *Didon* : *au noir chagrin qui me dévore*. Ce rapport ne flatte pas seulement mon amour-propre ; il m'attendrit aussi par le souvenir de mon ami et de mon ami et de mon maître. J'ai mis après cet air deux ou trois autres petits chiffons moins anciens que j'ai aussi retrouvés.

Vit-on jamais témoignage plus patent d'une immobilité que rien ne saurait évertuer ? Ce « sage » a vu de près les tumultes auxquels on prétend parfois faire remonter le trouble romantique. Il avait cinquante ans à la Révolution, ce qui n'est pas encore l'âgedes impossibles rénovations, et sa connaissance des grands modèles étrangers pourrait l'enhardir. Mais, admirateur décidé de Piccini dont il écrit la biographie en 1800, il semble réadapter ses vues poétiques — et musicales — à la ligne grêle et charmante de l'ancien adversaire de Gluck.

Sont-ils plus avisés de ce que peut signifier désormais la musique, les poètes qui ont l'occasion de la rencontrer, Symbole, Personnification, sur leurs pas ? Y a-t-il plus insipide sujet de pendule que l'évocation tentée par Legouvé, dans son *Mérite des Femmes*, du charme combiné de la voix et des sons ?

Aux sons harmonieux d'une harpe docile
Chloris a marié sa voix pure et facile :
L'œil tantôt sur Chloris, tantôt sur l'instrument.
On savoure à longs traits ce double enchantement.
Ses accords ont cessé, son maître la remplace.
Il a plus de science : a-t-il autant de grâce ?
Il enfante des sons plus pressés, plus hardis ;
Mais offre-t-il ces bras par l'Amour arrondis,
Qui, s'étendant autour de la harpe savante,
L'enlacent mollement de leur chaîne vivante ?..,
Plaît-il enfin à l'œil comme il séduit l'oreille ?

Le jeune Millevoye, énumérant en 1802 les *Plaisirs du Poète*, est tout disposé à mettre au premier rang de ces voluptés choisies l'émotion musicale :

Ah ! tu reçois surtout son éternel hommage,
Divine Mélodie ! harmonieux langage !
O le plus beau des arts, après celui des vers !
Peut-on sans s'émouvoir entendre tes concerts ?
Tantôt laissant en nous des impressions douces,
Tantôt nous remuant par de fortes secousses,
Tu t'empares de l'âme, et tes puissants accords
De nos fibres longtemps ébranlent les ressorts.
Qui mieux que le Poète en connaît tous les charmes ?

Mais il se hâte de rattacher aux récitatifs de Gluck — ce qui du moins témoigne d'une discrimination distinguée — ce vivant prestige des sons :

Pour lui la mélodie a plus d'une merveille...

Et c'est une sorte de médication convenue qu'il attribue à la musique, pour remédier à la défaillante vigueur d'un nourrisson des Muses :

Infaillible remède, une heureuse harmonie
Ranime sa pensée, et lui rend son génie...

Mettez en face de ces gentillesses attardées certaines notations qui sont à peu près de la même date, et qui, sous la plume d'auteurs de second ordre assurément, sans talent particulier pour la musique, dénotent une conception tout à fait opposée des choses, et vous ne manquerez de pressentir ce que le romantisme demandera à l'art : une révélation des vibrations essentielles, une animation nouvelle de la matière expressive, sans curiosité cérébrale immédiate qui en limite l'effet.

Chênedollé écrit dans son journal, en 1808 :

Je n'aime que ce qui est *rêvé* en musique, et voilà le caractère de la sienne [1]. Il vous enlève dans une atmosphère de musique, il vous place dans un séjour mystérieux où il vous arrive des sons inconnus et magiques. On croit entendre les vers les plus mélodieux et respirer à la fois les parfums les plus exquis. Voilà la double sensation qu'il donne. Il vous entoure de vers et de parfums. Il y a à la fois dans sa musique le mélange des parfums et de la poésie. Les motifs ont quelque chose de rêvé et d'inattendu qui transporte l'âme dans un voyage enchanté. Il vous roule et vous berce délicieusement dans sa musique...

La musique attaque plus vivement les fibres que la poésie. Il y a plus de vague, quelque chose de plus indéfini, de plus aérien...

Et aussi, quelques pages plus haut, en parfaite opposition avec l'habitude qui exigerait un sens dans la musique, l'indice d'un détachement notable à l'égard de la valeur purement « significative » du langage :

Il y a dans toute poésie un côté musical qu'on pourrait noter, indépendamment des paroles, et peut-être ces partitions poétiques pourraient-elles fournir de merveilleux motifs à l'harmonie.

[1]. Il s'agit de Boccherini, et l'on peut juger ce choix insuffisant. Mais il faut compter avec une faible initiation technique, et voir surtout la qualité d'adhésion, non le mérite intrinsèque de la musique invoquée.

CHENEDOLLÉ

Vers le même moment, bien loin de là, dans son isolement lyonnais, Ballanche demande à la musique une nuance de volupté idéale — celle dont un Shelley transcrira dans des vers délicieux le charme fugitif :

... Lorsque nous avons entendu une musique agréable, nous nous recueillons en nous-mêmes pour ne pas laisser s'échapper le plaisir que nous venons d'avoir : notre oreille séduite croit, pendant quelques instants, sentir toujours les harmonieuses vibrations de l'air ; mais enfin il faut renoncer à cette dernière ressource de nos sens abusés. Le concert a cessé, la douce émotion qu'il a fait naître s'efface peu à peu, et finit par s'éteindre tout à fait...

Plus molle et abandonnée encore, moins séduite par les prestiges de l'harmonie symphonique et des tonalités instrumentales, que par une ample soumission aux bruits que fait entendre la nature, la rêverie de Maurice de Guérin adolescent s'enchante sans fin, et se libère en litanies ingénues :

Oh ! qu'ils sont beaux ces bruits de la nature, ces bruits répandus dans les airs, qui se lèvent avec le soleil et le suivent, qui suivent le soleil comme un grand concert suit un roi.

Ces bruits des eaux, des vents, des bois, des monts et des vallées, les roulements des tonnerres et des globes dans l'espace, bruits magnifiques auxquels se mêlent les fines voix des oiseaux et des milliers d'êtres chantants ; à chaque pas, sous chaque feuille, est un petit violon.

Oh ! qu'ils sont beaux, ces bruits de la nature, ces bruits répandus dans les airs !

Comme les jours d'été en sont pleins ! Quels retentissements lorsque les campagnes éclatent de vie et de joie comme les grandes jeunes filles ; lorsque, de tous côtés, s'élèvent rires et chansons, cadence de fléaux sur l'aire, avec accompagnement de cigales, et, le soir, les tintements des cloches de l'Angelus qui annonce Dieu parmi nous !

Oh ! qu'ils sont beaux ces bruits de la nature, ces bruits répandus dans les airs !

. . . .

Je vais toujours les écoutant. Quand on me voit rêveur, c'est que je pense à ces harmonies. Je tends l'oreille à leurs mille voix, je les suis le long des ruisseaux, j'écoute dans le grand gosier des abîmes, je monte au sommet des arbres, les cîmes des peupliers me balancent par-dessus le nid des oiseaux.

Oh ! qu'ils sont beaux ces bruits de la nature, ces bruits répandus dans les airs !

Nous dépassons un peu, avec des effusions de ce genre, la stricte époque napoléonienne où se préparait le renouvellement de la sensibilité musicale chez les écrivains ; c'est que, dans ces années antérieures à 1815, Napoléon « faisait travailler la jeunesse », et que les adolescents n'ont guère eu le loisir, avant la paix rétablie, de mettre en forme ce genre d'émotions. A des dates auxquelles il serait absurde de demander un synchronisme rigoureux, ce qu'il importe de relever, c'est un accord tout nouveau dans la France moderne entre des méditations d'intellectuels et une intuition des rythmes inexprimables : lyrisme en germe, lyrisme balbutiant chez certains, lyrisme vite étouffé chez la plupart, mais qu'on chercherait en vain dans d'autres générations s'éveillant à la vie. Pour les uns, le désarroi persistant devant un ordre social encore bien incertain signifie un repliement sympathique vers les promesses de la nature ; pour d'autres, le charme de quelques maîtres de la prose, Rousseau, Chateaubriand, agit sans nulle contrainte ; pour d'autres enfin, c'est la musique elle-même qui se charge d'opérer cette libération du sens musical — et cela, souvent, dans des conditions singulières de rareté.

C'est, en effet, le même genre de révélation que pour les Français émigrés de cette génération — plus imprévue encore, plus étonnante d'inattendu et de singulier — qui vient chercher le petit Edgar Quinet dans sa Bresse natale. On connaît l'aventure, que l'*Histoire de mes idées* a développée comme un conte de fées. L'enfant sauvage de douze ans reçoit des leçons de musique qui doivent « l'apprivoiser » : le but est dépassé, surtout le jour où un garnisaire autrichien se met à jouer sur le violon enfantin des airs de son lointain pays.

Un jour de septembre, le soleil était à peine levé, tout le monde endormi. J'étais debout, selon ma coutume, sur mon lit, et je m'escrimais à de furieux arpèges. Un hussard croate, réveillé par ce terrible Orphée, s'élance dans ma chambre ; sans me laisser le temps de résister, il s'empare de mon violon, Mais avant que j'eusse pu m'indigner, quel étonnement ! quels ravissements, grand Dieu ! quels chants ! quels accords ! quelles mélodies inouïes ! C'était bien la féerie que je m'étais représentée. Je restai immobile, pétrifié, les bras tendus. Cependant le hussard, grand violoniste, se promenait de long en large, tout à son inspiration, sans faire attention à mon attitude.

Très doué pour la musique, encouragé dans ce goût par sa mère et par des amis de sa famille, Edgar Quinet avait eu, dans cette séance de sauvage initiation, l'antidote de l'enseignement que lui donnait son maître normal, le père Pichon, grand patriote qui lui apprend la *Marseillaise*, jacobin qui honore la musique, assurément, mais systématisée, « dorique » à fond.

Il avait imaginé d'appliquer le système de la conscription aux belles voix, Il se proposait de les enrégimenter de force, au nom de l'Etat, et d'imposer ainsi despotiquement l'harmonie par grandes masses à la France récalcitrante...

VII

Sans doute, le vif désir de clarté qui possède l'esprit français ne veut pas perdre ses droits. A l'heure où le romantisme allemand va pousser à l'extrême certaines données [1] tendant à brouiller les genres et à agrandir le cercle mystérieux de l'inconscient dans les arts, on n'est guère prêt à de telles surenchères chez vous. Le même Chênedollé, de lui-même, circonscrit sa volupté de mélomane :

S'il n'y avait pas toujours quelque chose de vague et d'indéterminé dans l'expression de la musique, elle serait le premier des arts, car son expression est bien plus vive que celle de la poésie même.

Mais, la même année :

Les femmes aiment la musique parce qu'elle parle aux sens.

Enfin, par une extension du rythme à l'art de la danse, décidément associé au sens renouvelé,

<hr>

1. Cf. Les études récentes d'A. Cœuroy. *La théorie musicale des écrivains romantiques allemands* (*Correspondant*, 25 janvier 1922) et *Musique et Littérature*.

des possibilités d'expression, détaché ainsi de ses « pas », de ses gestes trop prévus, mais ramené tout de même aux exigences de la plastique :

> La danse est une sculpture animée et mouvante. Elle met en mouvement et donne la vie aux attitudes magiques que la sculpture a inventées. Elle ranime tous les dieux de l'Olympe qui n'étaient que de beaux morts dans leurs statues.

On comprend que, pour les « têtes froides », le goût croissant de la valse ait paru dangereux, et que les danses *à distance* de l'ancienne mode aient semblé fâcheusement remplacées par de libres mouvements. Rassurons-nous : on est en France, et mille contraintes empêcheront toujours — ou faut-il dire *empêcheront longtemps ?* — cette obéissance des gestes se modelant à leur guise sur une force intérieure qu'anime la musique. Le laisser-aller des Slaves, la déférence allemande aux impératifs symphoniques se heurterait vite à un quant-à-soi dont Stendhal pourra s'indigner, mais qu'un cerveau français n'abdiquerait pas vite.

Il est certain, d'autre part, qu'avec la vie de société si heureusement reformée dans le Paris du Consulat et de l'Empire, ou avec la sociabilité renaissante dans les résidences provinciales, parmi les classes cultivées, les limites s'imposaient du dehors à une expansion de l'être par l'intermédiaire des sons. On imagine mal — dans les soirées où Mme Récamier, bonne exécutante et à qui Boïeldieu a donné des leçons, chante des romances de Plantade en s'accompagnant de la harpe — des programmes vraiment faits pour le grand frisson lyrique : il n'y a là, ni des sensibilités sans contrôle, ni une atmosphère propice à un frémissement désordonné. Mme de Genlis a ramené d'émigration sa vanité omnisciente, son grand sens pédagogique et les harpes qui intriguaient, au pays d'exil, des voisins bien intentionnés : on n'entendra pourtant pas, aux réceptions de l'Arsenal, autre chose que le sage répertoire de « romances » — dont plusieurs composées par la maîtresse de maison – qui fera les délices des invités. Et l'on n'ignore pas combien, dans les milieux officiels de l'Empire, chez les Beauharnais comme chez Mme Suard, au faubourg Saint-Germain comme au faubourg Saint-Honoré, ce genre de la romance a eu précisément un retour de vogue aux alentours de 1810 : or c'était peut-être, en raison de la gracilité de sa ligne mélodique, de la pauvreté systématique de l'accompagnement comme de l' « intérêt » du sujet, troubadour ou « pastourelle », le genre de musique de société le moins propre à faire vibrer des cordes profondes chez des auditeurs qui auraient l'illusion d'aimer cependant le chant accompagné. On sait qu'alors, dans les Almanachs et les « albums » élégants, ce genre si mièvre donne l'impression de satisfaire presque toutes les curiosités musicales des gens du monde, chez eux ou au concert - à l'heure où les trésors commençaient à s'accumuler, outre-Rhin, pour une délectation moins superficielle.

Même ici, d'ailleurs, même dans ce domaine mondain où se recrée perpétuellement une « musicalité » de surface et une satisfaction dénuée de réelle profondeur, l'époque 1800-1820 assiste cependant à des innovations qui, pour l'approfondissement contemporain de la sensibilité musicale, ont leur importance. Les instruments traditionnels d'accompagnement ou de musique courante, harpe, clavecin, épinette, à peu près incapables de produire un volume réel de sonorité, réduits surtout à une uniformité presque absolue dans la modulation et le timbre, trouvent enfin leur successeur — dont le triomphe ne laissera pas d'être indiscret. Le « fortepiano » célèbre ses vraies victoires — celles qui se dénombrent par des envahissements croissants.

Le compositeur viennois J. J. Pleyel, après une carrière fort agitée d'auteur, d'exécutant, de chef d'orchestre, s'est installé à Paris en 1795 et n'a pas tardé à adjoindre, à son magasin de musique, une fabrique de pianos. De Strasbourg, Jean-Henri Silbermann et son fils fournissent, de même, de leurs instruments le reste de la France. Enfin un autre strasbourgeois, Sébastien Erard, qui a construit à Paris, en 1777, son premier pianoforte et, avec son frère Jean-Baptiste, imaginé à

MADAME DE GENLIS

la veille de la Révolution le « piano organisé »,
imagine en 1811 sa harpe à double mouvement
et prélude par une production intensifiée de ces
instruments à la grande découverte du « double
échappement ».

On sait ce que signifiaient ces innovations ou ces
améliorations toutes matérielles : sans insister
sur la technicité particulière qui s'y rattache, on
peut dire que les amateurs de musique avaient,
désormais, en France, la faculté de multiplier et
de diversifier à leur gré les effets proprement
acoustiques, de créer des oppositions de volume,
d'intensité ou de douceur, de prolonger ou
d'abréger des émissions de notes. Il y a là, pour
les Français vraiment mélomanes, un enrichisse-
ment pratique, une commodité de plus ; pour les
jeunes gens de loisir, il y a des raisons évidentes
d'abandonner d'autres arts d'agrément pour
celui qui, plus que tout autre, répond à l'inquiétude des sensibilités adolescentes.

VIII

Tous les grands renouvellements de lyrisme,
dans l'ancienne Grèce, au xiiie siècle, dans la
Renaissance européenne, dans le Sturm und Drang
allemand, avaient comporté une alliance plus
intime de la poésie avec la musique. Peut-être
conviendrait-il d'aller même au-delà de cette
expression, et d'admettre que, dans la vie profonde des collectivités libres de se manifester par
les arts, des périodes de vibration essentielle
dans le rythme des sens remplacent des époques
d'atonie ou de commotion tout extérieure. Au mouvement nécessité par l'organisation sociale, par
les relations, par l'affirmation des choses de la
société, on dirait que succède, chez les êtres sen-
sitifs, le frémissement par lequel la vie universelle semble se prolonger dans une région de l'être
humain. [1] Sans doute la Révolution et l'Empire,

1. C F. A. D. Toledano. *La musique et l'intuition bergsonienne.*
Revue de Génève, février 1924. Sur l'importance que les théoriciens
commencent à donner au rythme — et non plus à la rime — voir
un article de H. P. Thieme dans la *Revue d'histoire littéraire de la
France*, 1924, p. 261.

en accélérant jusqu'à la frénésie les manifestations extérieures de la sensibilité française, en
enflant jusqu'à la boursouflure l'élan oratoire ou
le goût de la grandeur théâtrale, avaient-ils
absorbé et comme usé la dose d'énergie déchaînée dans la nation. Quand Napoléon fut tombé,
ce fut le tour de l'autre frémissement de se manifester : et, comme les nouvelles couches sociales
avaient été surtout occupées à se faire leur place
au soleil, ce furent — en attendant une autre *vague*
démocratique en 1830 — les milieux ayant boudé
l'Empire qui manifestèrent d'abord la vie frissonnante dont ils étaient secrètement animés.
Entre 1816 et 1825, avec la seule exception des
frères Hugo, les plus inquiets, les plus combatifs
des jeunes littérateurs se recrutent dans les
familles qui avaient subi sans sympathie l'ordre
napoléonien : les premiers espoirs de la Restauration vont au-devant de leurs impatiences.

On a souvent insisté sur l'étroit contact qui,
vers 1828, devait lancer bras dessus, bras dessous,
les rapins des ateliers et les bousingots des
cénacles à l'assaut de la citadelle pseudo-classique. Plus discrète, une alliance avec la musique
semble avoir précédé l'autre. En tout cas, c'est ici
l'une des époques où les curiosités musicales du
public français furent mises spécialement à
l'épreuve — soumises à l'une de ces crises probatoires comme en traverse nécessairement un
pays qui n'a point ces éléments permanents de

stabilisation, le chœur d'église entonné en commun, le culte sentimental de la chanson populaire, le goût traditionnel de l'exécution instrumentale. Peut-être la *qualité* des critères laisse-
t-elle, dès lors, à désirer : il n'en est pas moins
vrai que, pour des cercles assez étendus, la question se posait de savoir si la France de 1816, rendue
à quelque loisir après un renouvellement pathétique de ses classes cultivées, verrait celles-ci accéder à une meilleure appréciation du beau musical.

Dans l'ensemble, il est visible qu'une fois tues
les fanfares de l'Empire, et tandis que s'affermit
dans l'inquiétude un régime politique nouveau
ou « restauré », le goût de la musique gagnait, en
France, un terrain singulier : non pas, bien
entendu, le fredonnement des chansons de Béran-
ger, ou la résurrection des romances à l'ancienne
mode ; mais l'adhésion de milieux nouveaux à
la « mélomanie ». Des statistiques garantissent
que, même en province, le goût de la musique se
développe ; en nombre grandissant, des artistes
étrangers prennent le chemin de la capitale ; des
tournées à succès s'organisent. C'est là, au début,
une satisfaction assez médiocre donnée à ces
tendances que nous avons tâché de surprendre :
car une éducation technique retardataire, l'habileté des musiciens et des virtuoses les plus acces-
sibles, ou les plus adroits à se saisir de la vogue,
la pauvreté de la critique, confèrent d'abord une
apparence assez confuse et assez décevante à cet

indéniable renouveau musical. Jusqu'à la révélation de Weber et de Beethoven, ce sont Hummel et Hertz qui représentant la « savante musique » des Allemands ; les Italiens, en dehors de l'ancien répertoire où se survit la « pauvre musique ultramontaine », mettent en ligne Rossini et ses émules ; il y a peu de sincérité dans les transcriptions multipliées des chansons populaires. Tout cela témoigne donc, à notre gré, d'un indéniable retard : mais ne faut-il pas tenir compte de l'espèce d'interrègne ouvert par les évènements politiques ?

Cadres indigents, aussi, insuffisants pour assurer une rénovation ? Ils nous paraissent tels aujourd'hui, cent ans après la bataille gagnée. Pour les contemporains, c'est bien un renouveau du goût musical, *de la façon d'entendre la musique,* dont des œuvres aujourd'hui vétustes devaient fournir le critère. Le théâtre, avec son optique violente, est le champ-clos le plus manifeste de débats qui, dans le demi-jour des cénacles, risqueraient de ne pas atteindre la foule. Qu'il s'agisse de frayer la voie à Rossini, à qui les vieux dilettantes font obstacle parce qu'il se plaît à de la musique « pour rien », pour le plaisir, pour la joie des sons déchaînés, et parce que sa qualité musicale leur semble inintelligible et vaine ; ou qu'on s'efforce de rendre admissible le fantastique irrationnel du *Freyschütz* de Weber, les années 1824-1825 — significatives de changements politiques et sociaux au gré des historiens de la Restauration — ne sont pas moins mémorables pour les questions d'art : on sent bien qu'entre deux camps hostiles, les conflits d'arguments aboutiraient à une ou deux propositions fondamentales et inconciliables.

Feuilletons les périodiques du temps — même ceux que les techniques musicales n'auraient aucune raison de préoccuper : nous n'y trouvons pas la musique moins souvent en cause que les autres arts, dans ces années où se prépare le prochain avenir. Les abonnés s'intéressent aux discussions engagées ; des statistiques étayent de leurs chiffres les essais de démonstration ; des bibliographies tiennent le public au courant des publications nouvelles ; des lettres de province témoignent d'une diffusion réelle des curiosités. On sent que, dans les salons, dans les coulisses et les foyers des théâtres, dans les cabinets de rédaction, tout ce qui se rattache à des questions musicales trouve des oreilles attentives, des contradicteurs, des adhérents. La crise d'opinion n'est pas moins forte, en ces matières, qu'en fait de réforme dramatique, d'exotisme littéraire ou de nouvelle peinture.

Consultons le *Globe*, à la date du 20 octobre 1824. Le journal de Dubois a été assez souvent appelé en témoignage pour qu'il soit inutile de rappeler son rôle dans la lutte pour la « relativité de l'art ». Son rédacteur Z (?) rompt des lances, ce jour-là, contre l'idée que le principe essentiel de la musique dramatique serait « l'expression des sentiments par la mélodie et l'harmonie ». Voici sa démonstration :

Le hasard nous apprend que telle combinaison de sons, soit simultanés, soit successifs, est agréable à l'oreille : l'art s'empare de cette découverte, et guidé par des expériences faciles, il donne à la combinaison des sons certaines lois, qui toutes ont pour but de flatter et de caresser les sens. La musique est créée. Considérée dans ces limites, quel en est le principe essentiel ? Ou l'on conviendra que ce n'est pas l'expression des sentiments, ou l'on me révélera quelle est l'affection, la passion, le sentiment exprimé par l'accord parfait de la tonique, de la tierce et de la quinte, origine première de toutes les combinaisons musicales. N'est-il pas évident qu'il y a pour l'esprit, dans la succession naturelle ou calculée des sons, un plaisir spécial, propre, original, qui ne doit rien à l'imitation et qui ne se rapporte d'aucune manière au souvenir ? Ce plaisir, mystérieux et inexplicable comme les phénomènes primitifs de la sensibilité et de l'intelligence, me paraît être ce qu'il y a de caractéristique dans l'effet de la musique ; et ce qui le produit en nous, cette je ne sais quelle vertu dont l'influence est sentie par tout le monde et qui ne sera définie par personne, je crois pouvoir l'appeler le principe essentiel de la musique ; c'est de lui, et de lui seulement, qu'empruntent leur charme tant de compositions instrumentales, où certainement l'on chercherait en vain un langage pour l'âme...

Même associé à un librettiste, assujetti à suivre le développement d'une action et l'expression des sentiments humains, le musicien ne peut abandonner son domaine propre, même s'il lui faut s'adapter à une pensée :

... Le compositeur qui manque à l'expression dramatique péche contre une règle importante de son art, mais peut encore, par le seul prestige des sons, exercer un grand empire sur l'âme ; tandis que celui qui, tout entier au calcul de l'imitation, néglige de plaire à l'oreille, trompe tellement par là la destination de l'art, qu'il n'apporte à l'auditoire qu'impatience et que dégoût...

Et des articles pressants, signés d'autres initiales (*Globe* du 13 novembre et du 4 décembre 1824, du 15 janvier 1825) exhortent les musiciens français à reviser à leur avantage le pacte suranné qui les soumettait aux librettistes, et d'être « aussi parfois leur principal interprète ».

Si nos compositeurs ne profitent pas de ce moment d'élan, pour s'affranchir d'une manière décisive et éclatante, il faut les tenir pour indignes de leur art, il faut les livrer sans défense aux sarcasmes de l'étranger..,

Après avoir dit leur fait aux faux dilettantes qui se réclament de ce Jean-Jacques-Rousseau, « en toutes choses, en politique, en morale, aussi bien qu'en musique... comme étranger à l'esprit des temps modernes », un des rédacteurs concluait en termes excellents :

Que cette harmonie pédante et scolastique, qui ne consiste que dans la vaine science d'aligner symétriquement des séries de sons les unes sur les autres, qui sacrifie tout au calcul, et rien à la mélodie et à l'inspiration, soit une invention barbare, un supplice pour les oreilles sensibles, qu'il faille l'abandonner sans pitié à Rousseau, c'est ce qui est plus clair que le jour. Mais d'un autre côté, qu'une mélodie toute simple, dépouillée de toute parure harmonique, et soutenue seulement par quelques notes de basse qui ne sont là que pour déterminer le ton, nous paraisse aujourd'hui singulièrement pâle et sans vie, bonne seulement pour quelques petits morceaux comme les romances, mais insupportable à la scène, c'est ce qui ne me semble pas plus douteux... Interrogez-vous, s'il vous arrive d'entendre un de ces morceaux de chant purement mélodique ; cherchez ce qui vous manque, d'où provient le vide que vous ressentez. Vous vous apercevez que la mélodie, quoiqu'elle fasse, ne peut jamais exprimer qu'un seul sentiment à la fois ; tandis que, dans votre âme, jamais, même durant une seconde, aucun sentiment ne règne seul : au sein de la joie ne sentez-vous pas un retentissement vague de tristesse ? l'espérance n'est-elle pas comme mêlée de crainte ? en un mot toute passion ne traîne-t-elle pas toujours à sa suite un cortège d'autres passions, soit contradictoires, soit de même nature ? Et bien, toutes ces passions accessoires, la mélodie est dans l'impuissance de les exprimer : aussi je compare un opéra purement mélodique à ces pièces de théâtre dites classiques, où l'on ne représente jamais les hommes qu'avec une seule passion. Voulez-vous du romantisme musical, appelez à votre aide l'harmoniste.

Dira-t-on que ces théories, qui font prévoir Berlioz, sont particulières à un journal d'avant-garde ? Ouvrons, en 1825 précisément, un petit livre de vulgarisation musicale, l'*Essai sur la musique* de P. Lahalle, destiné aux gens du monde plutôt qu'aux spécialistes, et fait pour une grande diffusion dans le public :

La musique est l'art privilégié de ce siècle. Elle a fait son profit de la faveur qu'a perdue la poésie : du moins la plus forte partie de cette faveur lui est échue dans le partage qu'elle en a fait avec la peinture...

... Serait-ce donc que la musique offre un des moyens les plus certains et les plus rapides que l'homme puisse employer pour se mettre en contact avec ses semblables, pour établir entre eux et lui l'équilibre des dispositions de l'âme et de la sensibilité ?... Ou bien la lyre de Gluck et de Rossini exprime-t-elle, aussi bien que la voix des Gœthe, des Byron, des Staël, cette espèce d'élégie que les beaux-arts composent et recomposent sans cesse ; ces centons mystérieux qui peignent les désirs et les espérances des hommes, leurs joies, leurs tristesses et leurs douleurs ?

Une audacieuse revue du « culte universel » rendu à la musique par les anciens et les modernes, les exotiques et les Européens, servait à justifier les chapitres suivants : ils chantent les louanges de la musique dégagée de ses accessoires, nettement séparée des arts d'imitation.

La musique est un art dont la faculté, la puissance exclusive consistent à saisir l'accent qui convient à nos sentiments et à nos passions, ou bien se borne à une action purement matérielle sur nos organes...

En fait de *musique descriptive*, il ne reste donc en propre au symphoniste que la variété des mouvements, l'intensité des sons, l'emploi de quelques instruments spéciaux, le style des parties secondaires, le charivari de son harmonie.

Le rythme, comme il convient, était mis au point culminant de la vaste région propre à la musique ; il correspond « à la vie même », et, même organiquement, l'efficacité du rythme musical et de l'accent qui le précise était dégagée ici de toutes les surcharges ineptes dont l'habitude, l'ankylose, la fausse interprétation de l'art courent risque de l'encombrer : c'est l'impulsion de la musique qui est le vrai point de départ des activités inconscientes ; écoutons plutôt :

Stimulés par les commotions de la masse harmonique, et guidés par l'accent des mélodies, le cœur et l'imagination développent d'une manière merveilleuse le *thème* donné par notre propre situation, ou celui qui leur est offert par un canevas dramatique, par un seul hémistiche, par un geste, un décor, et même par le parfum répandu dans l'air environnant. Voici le secret de l'effet des productions des arts, ou des actes mêmes de la vie, lorsque la musique y mêle son intervention vivifiante[1].

De ces mises au point, qu'y avait-il, pour le poète, à espérer et à attendre ? L'auteur, dans son chapitre X, l'associait au musicien, mais c'était surtout pour accorder les fins poétiques, « agir sur les sens par l'intermédiaire de l'intelligence et de l'imagination », aux moyens plus sensoriels de l'art musical : les genres musicaux devaient tirer parti de leurs vraies ressources en réduisant la part du livret dans le drame musical, des paroles dans la romance et la cantate ; une sorte de « défense et illustration » de la musique se précisait, favorable à un grossissement de l'harmonie, de la masse sonore, dans la facture des œuvres. On peut juger, par des témoignages de ce genre, de la maturation, si l'on peut dire, des goûts musicaux du temps. Il y a certes plus loin de la harpe de Mme de Genlis à des théories aussi nettes, et aux tendances qu'elles supposent, que de ces mêmes théories aux grandes tentatives du *Requiem* ou de la *Symphonie fantastique*.

1. Rappelons ce que disait Schopenhauer vers la même date : « Le musicien nous révèle l'essence intime du monde, il se fait l'interprète de la sagesse la plus profonde, tout en parlant une langue que la raison ne comprend pas. »

IX

Le romantisme littéraire n'appelait pas moins
à son aide, sinon l'harmoniste, du moins le
mélomane. On s'est trop peu inquiété, en général,
dans les études consacrées à tous les perfection-
nements de l'outil poétique vers 1825, de l'effort
parallèle de la musique et de la littérature : le
métaphorisme poétique, la haine de la périphrase
delilienne, la recherche de la couleur ou du mot
propre, ont préoccupé presque exclusivement les
historiens soucieux de surprendre dans sa genèse
le renouvellement des formes littéraires qui
s'opérait sous la Restauration. *Au commencement
était le rythme*, a-t-on pu dire en parodiant la
fameuse méditation de Faust : si, après un siècle,
nous ne sommes plus très sensibles à la qualité
rythmique nouvelle des novateurs de 1825,
il suffit cependant de placer telles vibrantes
clameurs de ceux-ci à côté du désespérant métronome hérité du pseudo-classicisme, pour perce-
voir les différences qui faisaient de leur élan

quelque chose de vraiment nouveau. Peut-être des instruments enregistreurs perfectionnés pourraient-ils donner le diagramme visible de ces scansions, de ces structures, de ce *mélos* régénéré ; et qui sait, avec un développement des appareils destinés à surprendre le mouvement même des choses, si l'on n'arrivera pas à extraire en quelque sorte le commun diviseur de telles strophes poétiques et de telles phrases mélodiques ? Plus modestement, marquons ici par où nous savons que des préoccupations musicales hantaient des poètes.

La France n'avait pu manquer d'être touchée, au moins en quelques points, par ce qu'on peut appeler la théorie du « primitivisme poétique » : notion romantique par excellence, de plus en plus dressée contre l'académisme et le classicisme d'école, et qui prétendait trouver, dans un « syncrétisme » confondant mythes religieux, racines étymologiques, rudiments littéraires, indices ethniques même, une sorte de cellule primitive dépositaire, à travers les âges, de l'âme initiale d'un groupe humain. La musique ne laissait point d'être intéressée à ces formes primordiales du sens artistique : à défaut des introuvables, inaccessibles et sans doute inexistants rudiments supposés des races primitives, c'était un peu de leur véhémence pathétique et sensible que l'on découvrait dans les poésies populaires, sollicitées partout de livrer leur secret. « Documents... traditions... ballades rajeunies... et d'autres mélodies aussi anciennes, sans auteur connu, œuvres spontanées, nées du milieu du peuple, dans un moment d'enthousiasme... C'est dans les nombreux cahiers de chants populaires de l'Angleterre et de l'Ecosse... que nous avons puisé les ballades qui forment ce recueil. » Loéve-Veimars présentait en ces termes, en 1825, son volume de *Ballades, légendes et chants populaires de l'Angleterre et de l'Ecosse*. Des œuvres analogues de l'Allemagne, telles que la *Lénore* de Bürger, recélaient une intention semblable. Le Midi n'était pas en reste, et, dès 1823, Népomucène Lemercier présentait ses *considérations sur les chants populaires de l'Epire et de la Morée* en ces termes, fort éloignés de la façon traditionnelle d'évoquer l'Hellade :

L'art le plus cultivé n'atteint jamais le génie naturel ; et tout ce qu'il peut faire, c'est de revenir à celui-ci, de s'en pénétrer et de le rendre. Notre philosophisme versifié, notre phraséologie élégiaque, nos longs dithyrambes en maximes ne sauraient, à mon avis, émouvoir autant que les courts récits lyriques de poètes acteurs eux-mêmes dans le sujet de leurs chants...

Mais une jeune génération littéraire, impatiente de paraître à son tour sur la scène, ambitieuse de frapper de son empreinte une matière actuelle et présente, ne pouvait se contenter de telles exhumations. Il fallait animer des créations nouvelles de cet esprit moins artificiel, plus spontané, plus musical. Sans doute a-t-il manqué, aux novateurs de 1824, un critique avisé pour préciser certaines vues : la tendance, en tout cas, est impliquée dans l'effort des jeunes poètes. La part qui revint, à cet égard, à Vigny et à son groupe le plus proche est évidente : non que ces nouveaux artisans du vers français aient réussi pleinement, ni que leurs initiatives aient eu jamais la même valeur d'exemple et de succès que les grandes réussites d'Hugo et de ses meilleurs disciples ; mais il y a eu de ce côté, autour des murailles de Jéricho, de précoces fanfares, peu éclatantes, plus insinuantes que puissantes, qui témoignaient d'un sens ingénieux des possibilités poétiques.

Hugo, ce n'est pas douteux, n'a jamais été en vive sympathie avec l'art du chant et de l'orchestre. Lorsqu'en janvier 1820, dans le *Conservateur littéraire,* il rend compte d'une « tragédie lyrique » dont Spontini a écrit la partition, il est aussi indifférent aux « symphonies de l'orchestre » qu'au « fracas des changements scéniques » et c'est, pour un ardent littérateur de dix-huit ans, un indice caractéristique. Ses affinités vont évidemment ailleurs, et il n'est pas question de chicaner Victor Hugo sur des particularités de tempérament, d'organisation physique, de disposition morales qui sont ce qu'elles sont : constatons seulement que ce « visuel », cet « oratoire », ne possédait pas le genre de sensibilité qui rendent un écrivain susceptible de délectation musicale. On aura beau jeu à se moquer, à propos des *Rayons et les*

Ombres, du titre inepte donné à un poème farouche et singulier : *Que la musique date du seizième siècle* ; car c'est, en somme, pour ce grand poète, une déformation de la vérité historique sans aucune importance : Palestrina, en 1837, lui semble avoir apporté vraiment

> Cette nouvelle lyre inconnue aux mortels,

et c'est d'une ingénuité fort caractéristique d'une certaine désinvolture.

Au lieu que Vigny avait à la fois des dispositions pour la musique et un commencement d'éducation. Sa mère, très douée pour cet art et qui avait étudié l'harmonie, tenait à faire de lui, qui avait l'oreille juste et une belle voix, un connaisseur en cet art. Elève à la pension Hix, il joignait sa jeune ferveur, dans des exercices de chapelle, aux chœurs chantés par ses condisciples, Hérold, Ravignan : il se rappellera combien le *Vivat* de Méhul leur semblait le Hosanna de l'Empire. Sa vie durant, il restera sensible aux émotions de l'ouïe, et son ardeur de sympathie pour Berlioz, en particulier, prendra une forme d'apostolat que n'expliquerait pas un commun enthousiasme par Shakespeare : on sent une docilité à tout un ordre de prestiges dont la puissance particulière ne cesse pas de l'émouvoir, et ce n'est pas sans raison qu'il luttera pour faire triompher la vocation de celle qui sera Augusta Holmes, comme si celle-ci devait, ainsi qu'il arrive, faire triompher vraiment, dans la réalisation artistique, une tendance restée latente chez celui qui avait tant de droits à s'intéresser à elle.

Qu'il y ait bien de la littérature dans les dispositions musicales de Vigny, voilà qui n'est pas douteux — et qui s'en étonnerait ? Il ne s'agit pas ici de démontrer contre toute vraisemblance que le poète d'*Eloa* était doué d'aptitudes éminentes, mais que tout l'incitait à sentir d'une certaine façon, vers 1825, les problèmes qui s'agitaient dans cette région de l'art. C'est d'une manière *musicale*, et non *oratoire*, que l'auteur de Moïse ressentait, dans la zone obscure où s'élaborent les œuvres de l'esprit, les frémissements d'une prochaine création. Assez vite, en effet, les impulsions visuelles pures, chez lui, semblent s'évanouir ; les impressions rythmiques persistent ; le *Journal* inédit renferme, à cet égard, une note datée du 3 août 1830 :

Il y a une douloureuse disposition de l'âme qui n'a jamais été représentée par aucun écrit. C'est la facilité d'impression qui fait que l'on conserve malgré soi dans le cerveau l'image d'un tableau ou la mélodie d'un air. Souvent lorsque je marche par les rues, je suis importuné par un air qui me poursuit ; mes pieds prennent malgré moi la mesure de cet air et je ne puis le secouer. Il n'entrave pas mes idées mais il les accompagne et leur sert de basse continue ; bourdonnant comme une mouche importune. Si les idées s'interrompent, arrive le désir de retrouver la fin de l'air. On a honte de sentir ce mouvement en soi à travers des occupations graves et des chagrins profonds. Abstraction-distraction.

On trouverait de même, partout où des métaphores sont imaginées par la pensée de Vigny pour la commodité de sa réflexion, un recours instinctif à des choses de musique, assez justement évoquées à cet effet : une basse sous un chant joyeux ; le style pareil à « un orgue à vingt tiroirs » ; l'« orchestre intérieur » qui laisse en arrière, tardigrade et essoufflée, la parole insuffisante ; la nécessité de donner à un poème philosophique, comme la *Maison du Berger*, un prélude d'introduction, « récitatif » qui prépare le lecteur au « chant » ; le latin et le grec comparés à des pianos dont le clavier aidera à amener « le récitatif du style, les fugues de la poésie et le plain-chant de la poésie ». Tout cela dominé par cette vue parfaite : « La musique et la poésie sont deux émotions semblables qui nous saisissent le cœur par l'oreille... »

Il est difficile de préciser le degré de culture musicale, et même de dispositions compréhensives, des autres jeunes poètes des cénacles à cet égard. Nous avons vu comment, vers 1815, se manifestait une entente plus ou moins secrète, plus ou moins avisée, des choses de la musique ou bien des harmonies diffuses dans la nature : la génération qui succède à celle-là ou qui y reste engagée, vers 1820, avec les plus grands loisirs que lui laissait la paix revenue, s'est trouvée en meilleure mesure de cultiver les arts d'agrément. Les salons des faubourgs faisaient, nous le savons, fort bonne mesure à la musique de chambre et aux productions des amateurs. Pour Rastignac et Rubempré, il n'est pas inutile d'avoir une éducation un peu poussée de ce côté-là : musiciens allemands, chanteurs italiens envahissent Paris très abondamment à cette époque, et pourront la leur donner à peu de frais. Nous savons d'ailleurs que, la mode s'en mêlant, les pensions qui gravitaient autour des lycées, les institutions religieuses promettaient souvent aux familles de suppléer par des leçons particulières à l'ordinaire indifférence de l'Université de France en ces matières : car on fait bien de la musique d'orchestre dans une classe du lycée Fontanes, mais c'est par dérision, et en singeant à vide les mouvements des instrumentistes qu'on se plaît à imiter au dernier gradin, celui qui ne voit pas le maître [1].

On voudrait être mieux renseigné sur l'initiation musicale des choryphées du romantisme. Il est curieux que des biographes soient contraints de laisser dans l'ombre le degré d'éducation pratique reçue par des hommes qui eurent souvent à associer leur effort à celui des maîtres de l'art [2] : on dirait que les plaisanteries de Gautier ou de la génération parnassienne sur « le plus coûteux et le plus désagréable de tous les bruits » ont dissuadé les premiers chroniqueurs du romantisme, ceux qui pouvaient recueillir les don-

---

1. Lefaure. *Histoire du lycée Bonaparte.* Paris, 1852, p. 211.
2. H. Girard. *Emile Deschamps dilettante.* Paris, 1921, p. 26. Signalons, en tout cas, les excellents violonistes qu'étaient Marcellus et H. de Bonald.

nées immédiates sur lesquelles on s'est fondé, de s'informer d'une série d'aptitudes et de goûts dont la littérature, semble-t-il, aurait eu plus tard à rougir.

Soumet, qui faisait figure de chef d'école vers 1825, se rappellera-t-il certaines curiosités de ce temps-là lorsqu'il écrira à Emile Deschamps, le 6 décembre 1839, la lettre qu'a citée **M. J. Mar**san et qui félicite cet ami d'avoir excellement collaboré avec Berlioz ? « La gamme musicale, cher ami, présente une singularité bien remarquable : elle est à la fois divisible en sept notes et en douze demi-tons, c'est-à-dire qu'elle est à la fois le symbole du nombre 12 et du nombre 7. Voilà le secret de toute sa force et voilà pourquoi vos beaux vers s'unissent si admirablement à cette langue des prodiges... »

En tout cas, il est certain qu'à la *Muse française*, sous l'œil complaisant des Soumet et des Chênedollé, dans les milieux où se meuvent à l'aise les Deschamps, J. de Rességuier, Saint-Valry, et où l'on est heureux d'accueillir de séduisantes émules comme Delphine Gay, la musique tient une place que d'autres groupements de jeunes ne lui accorderont pas toujours. Lamartine évoque, dans les *Confidences*, le petit clavecin ouvert, dans la grande chambre de Milly, « avec des cahiers de musique du *Devin du village* de J. J. Rousseau épars sur l'instrument » : évocation qui carctérise assez bien le genre de délectation que le grand poète pouvait demander à la musique — et aussi la nature de sa musicalité poétique, faite d'autre chose que d'effets où le rythme aurait sa grande part. « La poésie, dira-t-il plus tard, n'est pas dans cette vaine sonorité des vers ; elle est dans l'idée, dans le sentiment et dans l'image... [1] »

1. Cf. *Les Confidences*, l. XII, § XIII.

X

Les moyens d'expression propres à chacune des activités de l'esprit demeurent assez limités quoi qu'on puisse faire. Aussi est-il presque fatal que les révolutions des techniques, et par conséquent les grands rebondissements par lesquels l'art est appelé à se donner de nouveaux procédés, comportent avant tout des alliances nouvelles, des emprunts plus ou moins imprévus à des disciplines voisines [1]. On a souvent insisté sur celui de ces renouvellements qui rafraîchissait les images et les comparaisons du romantisme : il importe, en raison de ce qui précède, de signaler tout ce qui impliquait un rapprochement du côté de la musique.

Même des théoriciens assez attachés à l'ancienne séparation des arts sentaient, vers 1825, qu'une telle familiarité était nécessaire, et qu'au fond le Romantisme s'y trouvait en quelque sorte impli-

---

1. Cf. une médiocre étude de Mlle Marie-Antoinette Chaix. *La Correspondance des arts dans la poésie contemporaine.* Paris. 1919 ; quelques vues pénétrantes dans l'*Unité dans l'art,* essai de F. Delattre. Roubaix, 1908.

qué. Dans son *Essai sur la nature, le but et les moyens de l'imitation dans les beaux-arts*, en 1823, Quatrenière de Quincy avait écrit (p. 79) que tout art romantique comportait, dans une inévitable mesure, de ces transpositions, « l'échange des images physiques contre les idées morales qui leur correspondent, et qui, excitant en nous des affections analogues et sympathiques, mettent... notre âme en corrélation avec l'impression des scènes de la nature sur nos sens... »

Sollicitée vers la région de la musique, la poésie pouvait y trouver, d'après ce théoricien, des ressources bien émouvantes .

Le pouvoir magique de l'art musical est de nous contraindre à donner une forme aux conceptions les plus indéfinies, à terminer par des contours le vague de ses esquisses, à échanger ses idées contre des sensations, à traduire des sons fugitifs en images, et par des transpositions sans nombre, à compléter en nous les effets d'une imitation, dont le succès dépend peut-être autant de celui qui les donne...

Il se trouvait que, si la poésie se portait à la rencontre de la musique, elle rejoignait vers ce moment un peintre disposé à faire de son côté le même chemin, et à rendre un hommage analogue à l'art qui, par les rythmes et les sons, favorise par excellence la notion de la mobilité. Dangereuse tentation pour la peinture, vouée quoi qu'elle en ait à suggérer le mouvement plutôt qu'à l'exprimer, et que l'esthétique doit rappeler de temps en temps au sens juste de sa

nature! Girodet — grande renommée artistique
de la Restauration, et qu'admirait fort Vigny
qui le connaissait et qui passe pour avoir pris de
lui des leçons — est à cet égard un inquiet, un
insatisfait. Il était préoccupé de donner en peinture l'impression du *temps mobile*. A défaut de ce
difficile résultat, il « portait envie à la poésie et à
la musique sachant rendre leurs secrets d'inspiration dans les mystères d'un demi-jour... [1] »

Eugène Delacroix héritera — avec, heureusement, une autre entente des moyens pittoresques
— de ce grand amour pour la musique, et d'un
désir pareil de toucher, par la peinture, à des
régions profondes où la vie du monde se prolonge
en vibrations de l'âme. Quand Emile Deschamps
dira, de son côté, de la poésie, qu'elle est « de
la peinture qui marche et de la musique qui
pense », il restera fidèle à un programme implicite qui séduisait des novateurs, attirés par cette
« fraternité des arts » dont toutes les écoles révolutionnaires ont rêvé, et qui dépassait de beaucoup
et par une hardiesse plus absolue, le « mélange des
genres » dont s'épeuraient les anti-romantiques.

C'est « aux mânes de Girodet » que s'adressent
les vers où Vigny, en 1825, fait appel à cette complexe et mythique inspiration qui ferait profiter
les diverses formes de l'art des possibilités réser-
vées à chacune d'entre elles :

---

1. *Revue de Paris*, décembre 1829, p. 129.

« Où donc est la beauté que rêve le poète ?
Aucun d'entre les arts n'est son digne interprète,
Et souvent il voudrait, par son rêve égaré,
Confondre ce que Dieu pour l'homme a séparé.
Il voudrait ajouter les sons à la peinture.
A son gré si la Muse imitait la nature,
Les formes, la pensée et tous les bruits épars
Viendraient se rencontrer dans le prisme des arts,
Centre où de l'univers les beautés réunies
Apporteraient au cœur toutes les harmonies,
Les bruits et les couleurs, de la terre et des cieux,
Le charme de l'oreille et le charme des yeux...

Descends donc, triple lyre, instrument inconnu,
O toi ! qui parmi nous n'es pas encor venu
Et qu'en se consumant invoque le génie,
Sans toi point de beauté, sans toi point d'harmonie ;
Musique, poésie, art pur de Raphaël,
Vous deviendrez un Dieu... mais sur un seul autel ! »

Pia vota ! Nobles espoirs qu'on retrouve, bien souvent, au point de départ des heureuses rénovations artistiques ; qui inspirent l'opéra de Rinuccini à Florence ou le « drame complet » de Richard Wagner à Bayreuth ; et puis qui, l'élan donné, les sources rafraîchies, battent en retraite devant la routine et les habitudes du public et de la critique, abandonnent ainsi la partie trop difficile, en raison du danger qu'il y aurait à brouiller les techniques.

Admettons du moins qu'à cette fraternité des Muses de la poésie et des rythmes, soient dues pour une part des tentatives comme « la Traversée » dans *la Frégate la Sérieuse :*

> Quand la belle *Sérieuse*
> Pour l'Egypte appareilla,

> Sa figure gracieuse
> Avant le jour s'éveille ;
> A la lueur des étoiles
> Elle déploya ses voiles,
> Leurs cordages et leurs toiles,
> Comme de larges réseaux,
> Avec ce long bruit qui tremble,
> Qui se prolonge et ressemble
> Au bruit des ailes qu'ensemble
> Ouvre une troupe d'oiseaux.

Ou comme certaines strophes des *Odes et Ballades* :

> Là, tout est comme un rêve :
> Chaque voix a des mots,
> Tout parle, un chant s'élève
> De l'onde sur la grève,
> De l'air dans les rameaux.
>
> C'est une voix profonde,
> Un chœur universel,
> C'est le globe qui gronde,
> C'est le roulis du monde
> Sur l'océan du ciel.
>
> C'est l'écho magnifique
> Des voix de Jehova,
> C'est l'hymne séraphique
> Du monde pacifique
> Où va ce qui s'en va ;
>
> Où, sourde aux cris de femmes,
> Aux plaintes, aux sanglots,
> L'âme se mêle aux âmes,
> Comme la flamme aux flammes,
> Comme le flot aux flots...

La forme *lied*, si difficile à attraper en versification française, et que seule une inspiration verlainienne saura naturellement atteindre, il semble qu'à ce moment, 1825-1828, grâce à des affinités desservies par beaucoup de gaucherie, la jeune poésie romantique soit sur le point de la pratiquer couramment. Des intentions épiques la dénaturent ; sentimentalité et langage noble lui font tort, mais on dirait qu'elle est familière, dans une sorte de frémissement intérieur, aux poètes de ce temps. E. Deschamps s'ajuste sans trop de mal aux stances du *Romancero :*

> Florinde, avec ses compagnes,
> Sort de la tour du palais ;
> Folâtrant par les campagnes,
> Non, dans toutes les Espagnes,
> Rien n'est si beau. Voyez-les !
>
> . . . .
>
> Florinde, au roi de Castille
> Pas un seul mot n'adressa ;
> Elle ferma sa mantille,
> Sur sa figure gentille
> Jeta son voile, et passa...

C'est l'heure des charmantes piécettes de Musset, *Venise :*

> Dans Venise la rouge
> Pas un bateau qui bouge,
> Pas un pêcheur dans l'eau,
>   Pas un falot.
>
> Seul, assis à la grève,
> Le grand lion soulève,
> Sur l'horizon serein,
>   Son pied d'airain.

Le Lever :

> Assez dormir, ma belle !
> Ta cavale isabelle
> Hennit sous tes balcons.
> Vois tes piqueurs alertes,
> Et sur leurs manches vertes
> Les pieds noirs des faucons...

Fontaney, qui a su traduire excellemment la *Lenore* de Bürger et *We are seven* de Wordsworth, n'hésite pas à glisser le mot de *Mélodies* dans le titre de son recueil de 1829 :

> Du nouveau jour qui m'environne
> Que les rayons sont éclatants !
> Mon front ranimé se couronne
> De l'espoir d'un autre printemps.
> Quels parfums promet le feuillage
> De ces lilas qui vont fleurir !
> J'aurai ma part de leur ombrage :
> Tu m'aimes, je ne puis mourir.

Sainte-Beuve se risque avec Joseph Delorme :

> C'est demain, c'est demain qu'on lance,
> Qu'on lance mon navire aux flots ;
> L'onde en l'appelant se balance
> Devant la proue : amis, silence !
> Ne chantez pas, gais matelots !

Et il semble que Lamartine, si attaché par nature à un alexandrin autrement dilué, tienne à faire rebondir les stances des *Harmonies* sur des contre-temps plus rythmés, que les *Méditations* ne connaissaient pas et qui s'écartent des constructions du lyrisme oratoire à la Lebrun :

Chaque être s'écrie :
C'est lui, c'est le jour !
C'est lui, c'est la vie !
C'est lui, c'est l'amour !
Dans l'ombre assouplie
Le ciel se replie
Comme un papillon ;
Roulant son image,
Le léger nuage
Monte, flotte et nage
Dans son tourbillon ;
La nue orageuse
Se fend et lui creuse
Sa pourpre écumeuse
En brillant sillon ;
Il avance, il foule
Ce chaos qui roule

Ses flots égarés :
L'espace étincelle,
La flamme ruisselle
Sous ses pieds sacrés ;
La terre encor sombre
Lui tourne dans l'ombre
Ses flancs altérés ;
L'ombre est adoucie,
Les flots éclairés,
Des monts colorés
La cîme est jaunie ;
Des rayons dorés
Tout reçoit la pluie ;
Tout vit, tout s'écrie :
C'est lui, c'est le jour !
C'est lui, c'est la vie !
C'est lui, c'est l'amour !

(1826).

Il va de soi que c'est dans son opposition à l'alexandrin traditionnel qu'une musicalité de cet ordre est appelée à se manifester surtout. S'imaginer que l' « évolution » seule de l'alexandrin delilien aurait produit une pratique différente de sa scansion, une rupture authentique de l'hémistiche — c'est accorder à la routine et à l'imitation une vertu régénératrice qu'on ne lui trouve guère dans la réalité la plus vérifiée. Or c'est évidemment dans la mesure où une impulsion nouvelle s'emparait de cette forme anémiée [1] qu'on pouvait parler d'une révolution prosodique. Hugo avait sans doute un tempérament assez puissant pour faire éclater les anciens

---

1. « Le poème didactique ne sera jamais romantique. » Toreinx. *Histoire du Romantisme* (voir plus loin).

cadres, et « ce grand niais d'alexandrin » lui doit évidemment son coup de grâce. Encore n'a-t-il pas été du tout inutile, même à cet extraordinaire manieur de mots et de cadences, qu'une initiation eût précédé son grand effort de 1826 et 1827, *Cromwell.* Nous avons vu que, « visuel » magnifique, il n'inclinait point naturellement vers les virtualités dont la musique est dépositaire : son magnifique rehaut verbal, son entente somptueuse des profonds frémissements étymologiques des vocables, la densité vigoureuse de son métaphorisme viennent d'ailleurs, et ne pouvaient manquer cependant de produire un effet rythmique. Il est d'autant plus significatif que, dans la première *Histoire du romantisme en France* qui ait paru, l'intelligent ouvrage que F.-R. de Toreinx publiait en 1829 [1] pour dresser un bilan soupçonneux de la révolution en cours, le chapitre XVII, consacré à Victor Hugo, précède immédiatement ceux qui ont pour objet, d'une part Beethoven et Weber, puis Rossini, d'autre part Girodet.

En tout cas, c'est bien Vigny qui, le premier [2], semble s'être rendu compte de l'opportunité d'une réforme analogue *pour le théâtre*, et des aspects

---

1. *En 1829:* et il y a encore des manuels qui voient dans le romantisme français un évènement dont 1830 fournirait la clef !

2. Sur le danger qu'il y aurait à pousser trop loin l'*ut musica poesis*, et sur l'essentiel de ce que Vigny devait à la suggestion musicale, cf. des pages enthousiastes d'E. Zyromski dans les *Mélanges Andler* (Strasbourg, 1924), p. 431 : « La méthode poétique de Vigny ».

qu'une telle réforme pouvait prendre. Elle est en germe dans son article de la *Muse française* (janvier 1824) sur les *Œuvres posthumes* de Bruguière de Sorsum et sur les deux variétés de langage scénique, de plus en plus éloignées de la prose stricte, qui, de Shakespeare, avaient été transportées par cet adaptateur dans deux sortes de langage français. La première suppose une véhémence, la seconde une immatérialité dont la prose est incapable. Pour la première, « ce langage n'est pas encore la poésie : ce sont les vers sans la rime ; c'est une prose cadencée qui marche avec plus de grâce que l'autre, et qu'on distingue seulement à son allure, comme parmi des chevaux pareils on reconnaîtrait à sa démarche balancée celui qui sort des mains des écuyers du roi. Puis, voilà que tout à coup la parole prend des ailes, et les sylphes, les fées, et ceux qui aiment, parlent le langage des dieux » : sorte de transcendance verbale où le langage humain doit déployer toutes les magies musicales qui sont en lui.

C'est en somme cette thèse, avec les appropriations nécessaires, qui inspirera les premières traductions shakespeariennes de Vigny : œuvres aujourd'hui dépassées, mais qui marquent une initiative ingénieuse, et dont Hugo, d'ailleurs, saura s'inspirer pour son compte. Shakespeare offre

...trois octaves à parcourir, et elles ont entre elles une harmonie qui ne peut s'établir en français. Il fallait pour

les traduire détendre le vers alexandrin jusqu'à la négli-
gence la plus familière (le récitatif), puis le remonter jusqu'au lyrisme le plus haut (le chant), c'est ce que j'ai
tenté...

Non sans quelque illusion, l'adaptateur du *More
de Venise*, le 24 octobre 1829, prétendait susciter
là-dessus une décisive manifestation, en offrant
un spécimen des trois langages justaposés, l'un
sincère et plat comme la vie quotidienne avec
ses vulgarités, le second animé comme la
méditation du prince dépossédé, la rêverie du
grand homme méconnu ou de l'amant qui s'im-
mole, le troisième ailé comme l'envol de la ferveur amoureuse ou la danse des sylphes et des
fées. Le tout, « dans l'art comme dans la vie,
passera de la simplicité habituelle à l'exaltation
passionnée ; du *récitatif* au *chant*. » Et la démonstration faite au moyen d'un chef-d'œuvre étranger comporte, dès lors, des difficultés supplémen-
taires, celles de la transposition d'un ensemble
musical dans une autre clef. « En vain on répète
le même chant dans sa langue, c'est un autre
instrument : il a donc un autre son et un autre
toucher, d'autres modulations, d'autres accords,
dont il faut se servir pour rendre l'harmonie
étrangère, la *naturaliser*... » (*Lettre à Lord****, en
tête du *More de Venise*).

Simple métaphorisme ? Nullement. Car nous
sommes vraiment, en 1829, sur les confins de deux
domaines que Voltaire ou Delille, très certaine-

ment, n'imaginaient pas si limitrophes, si bien faits pour des échanges de voisinage et de fraternelle proximité. Vaine entreprise et audace impossible ? Peut-être, si l'on ne veut voir que les résultats ostensibles et les définitives réussites ; tentative bien nécessaire au contraire, et salutaire initiative, si l'on songe que le drame était guetté, depuis 1820, par les simples chroniqueurs à la Vitet ou par les coloristes à la Mérimée, et que toute une lignée d'œuvres était impliquée dans les prémisses de Vigny. Il convient surtout de se demander si le triomphe d'Hugo ne sera pas avant tout l'utilisation habile, commode pour le grand public, d'un programme qui n'eût pas été celui de l'auteur d'*Amy Robsart*, laissé à lui-même.

Il est, à tout le moins, bien significatif que la formule de Vigny, cette analogie d'« inspiration » suggérée entre la musique et la forme littéraire — celle-ci fortement sollicitée, dans l'art classique, vers la « structure » et la fixité architecturale — se retrouve chez les plus attentifs de ses émules des temps héroïques. Emile Deschamps s'en est déjà emparé dans la Préface des *Études françaises et étrangères*, en 1828.

...Lorsqu'après une page de narration écrite en vers si faussement nommés prosaïques, se trouve une suite de beaux vers d'inspiration, pleins et cadencés, comme ceux de l'ancienne école ; ils se détachent avec bien plus de grâce et de noblesse, et l'effet en est bien plus puissant. C'est un chant suave et pur qui sort d'un récitatif bruyant et agité...

Et le choix des analogies alléguées par E. Des
champs, à l'appui de la rénovation des formes
poétiques, restait caractéristique du même souci.

> ...avec du travail et une organisation assez heureuse, on
> parvient dans les vers, comme dans tous les arts, à une
> certaine élégance vulgaire, à une froide correction, à une
> mélodie molle... ; mais les tours variés, les coupes hardies
> et pittoresques, les grands secrets de l'harmonie et de
> la *facture* [1], sont interdits au versificateur...

Alfred de Musset, défendant contre son oncle
Desherbiers le « rythme brisé » de ses premiers
vers, trouve de même un argument dans l'analogie proposée par Vigny (lettre de janvier 1830) :

> ... je pense là-dessus qu'ils ne nuisent pas dans ce que
> l'on peut appeler le récitatif, c'est-à-dire la *transition* des
> sentiments ou des actions...

Et l'on peut croire que la formule paraissait
bonne au poète des *Contes d'Espagne et d'Italie*,
puisque H. de Latouche l'emploie pour lui en
faire honneur, à peu de temps de là, dans la
Vallée aux Loups.

> Transportant à la poésie ce que vous admettiez déjà dans
> la musique : le récitatif et le chant, il alterne l'emploi des
> deux modes.

---

1. Le mot a un sens très fort — comme dans le vocabulaire
musical du temps. Il implique une sorte de complexité géniale,
dont la signification ultérieure du mot n'a plus gardé grand
chose.

XI

Redescendre le versant qui suit 1830, c'est assurément constater qu'une bonne partie de ces espérances et de ces ambitions est dénaturée dans la réalité des faits, trahie par des exagérations ou des déviations déplaisantes, desservie par des créateurs insuffisants, une critique déconcertée, un public distrait. Pourquoi ? Et quels malentendus secrets, quels désaccords patents nous permettront de constater l'échec relatif de tant de grands espoirs ?

La virtuosité, c'est-à-dire l'habileté formelle et le goût de la suprême adresse technique, fût-elle assez vide, n'a pas tardé, d'abord, à dévoyer la sensibilité musicale des auditoires romantiques, et surtout des gens de lettres, dans cette nouvelle période. Nous entrons dans l'ère des triomphes effarants et des stupéfiantes légendes ; dans le monde musical, l'exécutant est tout, le compositeur n'est plus rien, et ce n'est que pour les mélomanes fidèles que Beethoven, par exemple, entre de plus en plus dans les répertoires de nos concerts : Paganini et le *Trille du Diable*, voilà de quoi remplir les foules d'un autre enthousiasme que la *Neuvième Symphonie* ! De tous côtés, on dételle les voitures des cantatrices, on étouffe les pianistes sous les fleurs, on époumonne les chanteurs à leur faire recommencer sans fin les grands airs bissés. C'est l'année 1832 qui représente surtout cette intrusion violente du « surhomme » musical dans la chronique. Même un Berlioz cèdera évidemment à une certaine complaisance pour tant d'extériorité musicale — en attendant Liszt et de moins authentiques représentants du romantisme exaspéré.

Tout cela, qui témoigne évidemment de l'accession d'un nouveau public dans la pratique des satisfactions musicales, coïncide avec une dénaturation du programme — ou des programmes — du romantisme. Ce qu'il entendait demander à la concentration, à l'approfondissement, il le cherchera plutôt dans l'expansion, dans l'extériorité : mauvaises conditions pour cette espèce de resserrement intérieur qui aurait maintenu la poésie au contact de la musique. L'art social demande avant tout le grand jour, la facile propagande, la rapide communication moyenne. Il a quelque chose à dire, au plus vite ; et si l'on se plaisait à rappeler, vers 1828, ce distique :

> Les vers sont enfants de la lyre :
> Il faut les chanter, non les lire.

on s'efforcera au contraire, sous la Monarchie de Juillet, à se rapprocher autant que possible de l'orateur, de l'agitateur, du président de banquet populaire. De ce côté encore, la musique n'a qu'à battre en retraite...

Elle garde cependant ses dévots au clan des poètes, mais cet attachement suffirait, à lui seul, à classer loin de la popularité et du grand renom des écrivains que ne séduit pas le cours nouveau des choses. Fétis, qui a tant fait, aux alentours de 1830, pour l'éducation musicale du public français (*Revue musicale* fondée en 1826 ; « Philosophie de la musique » dans le *Temps* du 7 juillet 1832 ; articles excellents sur Beethoven ; travaux divers aboutissant à sa *Biographie universelle*), donne en 1832 et 1833 des Concerts historiques dont deux surtout, celui du 25 novembre 1832, celui du 22 décembre 1833, firent sensation parmi les gens de lettres aussi bien que parmi les musiciens. Mais après cette date, cet Ardennais va prendre la direction du Conservatoire de Bruxelles, et l'on ne saurait dire qu'en dehors de Berlioz, de plus en plus tempétueux et révolté, il y ait eu pour nos écrivains un agent de liaison éminent et informé entre leurs goûts — de plus en plus sollicités vers la musique toujours contestable des virtuoses — et la grande tradition des chefs-d'œuvre. De nouveau, on verra les musicographes compétents déplorer que, d'ordinaire, le plus intellectuel de tous les arts soit sollicité chez nous d'exprimer des choses dont l'esprit puisse s'emparer directement ; « l'idée fondamentale du système musical adopté en France a toujours été vicieuse, en ce qu'elle consiste à vouloir attribuer à la musique un genre d'expression qui n'est pas de son ressort, et qui tendrait à restreindre ses effets... » Soyons sûrs qu'en attendant Baudelaire et son groupe, et, plus tard, les poètes musiciens de 1880, la perception profonde et « désinté-. ressée » de la musique se perd de nouveau chez la majorité des versificateurs : il y paraîtra au succès d'école que trouveront, venue l'heure du Parnasse, les théories insistant sur la « plasticité » de la poésie et l'arrachant ainsi à la ductilité et à la mobilité intérieure, propres aux arts d'expression.

Non sans bouderie, non sans une rancune qui est à la fois le dépit de précurseurs sans visible postérité et la conscience d'un génie insuffisant, ceux qu'on pourrait appeler les mélomanes, les Deschamps, les Brizeux, les Aug. Barbier, restent fidèles au culte de l'autre Muse. Ils ont donné du courage à Berlioz, empêché parfois Meyerbeer, et même de plus grands, des maîtres absolus comme Mozart, de tomber entre les mains des faiseurs de librettos et des adaptateurs à la grosse. Ou bien ce sont de purs rêveurs à la Gérard de Nerval qui s'évadent du réel dans le royaume des sons. Mais quelle déchéance, quand on a été de la génération montante qui rêvait d'un art complet, d'être réduits à des dégustations de cénacle et à

des gentillesses de salon ! On fera volontiers porter la peine, au public français tout entier, de
ce revirement lié à tant de causes. Les réserves
que les clairvoyants avaient déjà dû faire semble-
ront de plus en plus d'irrévocables condamnations.

Dès 1829, après quelques demi-déceptions,
Vigny notait dans son *Journal*, non sans généra-
liser douloureusement quelques traits assez jus-
tes : « Les Français n'aiment ni la lecture, ni la
musique, ni la poésie — mais la *société*, les
salons, l'esprit, la prose. » Ou bien : « La France
n'est ni poétique ni musicienne. » L'auteur des
Elévations constatait ainsi que toute une partie
des espoirs romantiques — du romantisme tel
qu'il l'entendait — ne pouvait manquer de faire
une sorte de faillite : l'esprit de société, sous ses
formes les plus évidentes, les plus bienfaisantes
à certains égards, avait évidemment raison de la
contemplation se muant en frémissement lyrique.
C'est peut-être une des raisons pour lesquelles ce
type même de poésie, l'*Elévation* (mot employé par
Joseph de Maistre, assurément, pour ses « élans »
de foi et de mysticité, mais qui traduit aussi, à
cette date, l'*Aufschwung* de Schumann) sera vite
abandonné par un poète qui en avait tant espéré.

> Dis-moi la main qui t'enlève,
> O mon âme ! et dans un rêve
> Te montre la vérité ?
> D'où vient qu'un songe m'emporte
> Jusques au seuil de la porte
> Qu'entr'ouvre l'Eternité ?

BALDENSPERGER.   9

> C'est ici que l'homme arrive :
> Oui je reconnais la rive
> Jusqu'où ce nocher dérive
> Roulé dans le flot des temps ;
> J'entre dans le port de l'âme
> Je vais m'asseoir dans la flamme,
> La place que j'y réclame
> Est vide depuis longtemps... [1]

Il faudra évidemment aller jusqu'aux élancements d'Hugo à Guernesey pour retrouver ce désir d'envolement : il semblera de plus en plus, au Vigny du régime de Juillet, que ses compatriotes sont fermés « à la musique et à la vraie poésie ».

Et Stendhal lui fera écho sans le savoir, en consignant dans ses *Mémoires d'un touriste* une observation qu'il mettra sous la date du 4 juin 1837 :

L'esprit du Français *comprend tout admirablement*, et en musique le porte à exécuter des difficultés ; mais, comme il manque absolument du sentiment musical... il se délecte à entendre la musique atroce... En musique le Français n'a d'instinct que pour les contredanses, les valses et les airs militaires. De plus, son esprit le force à applaudir la difficulté vaincue...

Ici, c'était plutôt l'attachement de l'auditeur trop cérébral à des rythmes prévus qui se trouvait en cause : ailleurs, le grand dilettante fustige à plaisir, on le sait, la « moutonnière » façon dont

---

1. Je serais assez tenté — comme pour certaines strophes des « odes » de M. P. Valéry, de trouver là un « dynamisme » émané de la partie chorale de la *Neuvième Symphonie* de Beethoven.

ses compatriotes aiment la musique, et cette manière de goûter collectivement un art qui devrait, d'accord avec son essence, rattacher l'individu sensible à ce qui est avant tout le frémissement profond de la vie dans son être.

Stendhal retrouva toujours en Italie une variété, tout au moins, de parfaite délectation musicale ; et puis sa littérature à lui n'avait point à souffrir du divorce constaté entre la moyenne du public de 1830 et les énergies dont la forte musique est dépositaire. Au contraire, pour Vigny parisien, pour le sédentaire poète de ces années-là, les compensations sont maigres et la déception sans récompense. C'est tout ce qui lui est profondément cher, que semble compromettre la Béotie artistique de 1840. Même le statut implicite qui régit la poésie est, à son gré, en grave danger : sait-on seulement, maintenant, ce que c'est qu'un vers ? Il protestera à la fois contre l'imprimeur, qui fait croire que la typographie est sa forme naturelle de présentation, et contre le commun lecteur qui n'y entend rien : le *rapsode* seul faisait bonne mesure au langage des dieux.

C'est là l'une des thèses favorites de sa maussaderie, et on en trouvera l'expression explicite dans un passage du *Journal* (1837) :

Dès qu'elle est imprimée, la Poësie perd la moitié de son charme. Cela vient de ce qu'on ne sait pas la lire. L'homme du monde, s'il la lit tout bas, le fait avec distraction. La forme régulière et monotone des vers ennuie sa vue, parce que la Poésie est tissée de pensée et d'harmonie. Elle perd la moitié d'elle-même en s'imprimant. La rime, faite pour plaire à l'oreille, déplaît aux yeux. S'il lit la Poësie à haute voix (comme on lit tout, à peu près, du ton d'une gazette), c'est encore pis. Comment sentirait-il l'émotion poëtique qui a besoin (et c'est la gloire des acteurs) d'être transmise par l'organe d'une voix humaine émue elle-même ? Il jette le Poëme et reprend la Prose qui, avec son analyse et ses longs développements, est faite pour les yeux du lecteur réfléchi, pour la solitude et le silence du cabinet. Il faudrait donc pour faire sentir la Poësie que partout le Poëte vînt avec elle comme le rapsode de l'antiquité ou le trouvère du moyen âge, et ce serait là un métier de baladin.

Il faut se confier à ces quatre mille personnes qui au compte de lord Byron sont les seules sur le globe qui sachent lire et sentir la Poësie. Je désire beaucoup que sur ce nombre il s'en trouve la moitié en France.

« Le nombre est petit des belles âmes qui la sentent », se répond à lui-même le poète déçu, en 1842, et c'est la vraie réponse qu'il aurait dû se faire plus tôt, et qu'il opposera de plus en plus à toutes les réflexions que la carrière d'un Lamartine ou celle d'un Hugo l'inciteraient à hasarder : musique et poésie, ainsi entendues, risquent assurément de perdre le contact avec les foules d'aujourd'hui, mais s'emparent tout de même de la sensibilité profonde de quelques minorités, et doivent demeurer l'objet d'un culte dévotieux ; mais elles ne sauraient prétendre à l'adhésion étendue des masses, peu disposées à raffiner sur leur plaisir et à mettre en commun les régions profondes des sensibilités.

XII

C'est sous cette forme que l'approfondissement incontestable de la sensibilité musicale qui a coïncidé avec le romantisme, et qui ne pouvait manquer d'en faire partie intégrante, reste une chose acquise. Dynamisme essentiel aux heures des grandes sincérités et des abandons véritables, cette « inspiration » a laissé quelque chose d'elle-même dans des œuvres qu'elle anime encore [1]. Sans doute, les mots, les pauvres mots, avaient souvent fait tort à la qualité du lyrisme qui les animait ; la maladresse des ouvriers, l'imperfection des instruments, la médiocrité des thèmes, bien souvent, et surtout une vieille tradition oratoire, empêchaient une musicalité à la Shelley, à la Ronsard, de frémir amplement dans notre littérature de 1825 à 1831. Passé cet épisode

1. Il va de soi que le romantisme à son apogée fait une large place aux choses de la musique (cf. l'article de C. Bellaigue sur " Balzac et la musique ", *Revue des Deux Mondes*, 1er octobre 1924, ou de nombreuses études sur George Sand Mélomane). C'est le fait initial de Sensibilité qu'on a tâché d'indiquer ici.

assez particulier, semble-t-il, de notre histoire intellectuelle — car il faudra aller jusqu'aux années 1885-1895 pour en trouver l'analogue — les courants qui s'étaient côtoyés et parfois fondus reprennent leur cours indépendant : chacun d'eux a cependant gardé, dans ses eaux, quelque chose de cette jonction passagère.

ACHEVÉ D'IMPRIMER
LE 9 JANVIER 1925
PAR F. PAILLART A
ABBEVILLE (SOMME)